Gladiatoren. Leben für Triumph und Tod

Aus dem Italienischen von
Katja Richter

Lektorat der dt. Ausgabe
Ute Rall

Satz
Birgit Zschunke

Druck und Bindung
Giunti Industrie Grafiche S.p.A. – Prato

Umschlaggestaltung
Raffaele Anello

Karte auf Seite 122f.
Il Quadrofoglio

Coverabbildung
© Corbis

Bildrecherche
Claudia Hendel

Die Abbildungen stammen, wenn nicht anders vermerkt, aus dem Archivio Iconografico Giunti.

Die Originalausgabe erschien unter dem Titel »Gladiatori, I dannati dello spettacolo«
© 2003 bei Giunti Editore S.p.A., Florenz-Mailand.

Stresemannstraße 30
10963 Berlin
www.parthasverlag.de

ISBN 978-3-86601-602-6

Fabrizio Paolucci

Gladiatoren

Leben für Triumph und Tod

Parthas

Inhalt

Der Ursprung der Gladiatorenspiele

- Das *Phersu*-Spiel der Etrusker
- Der kampanische Ursprung der Gladiatorenspiele
- Der Erfolg der Spiele im antiken Rom

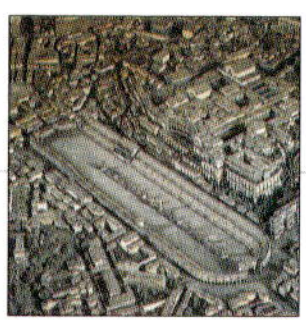

- Die Jagd auf wilde Tiere

Dem modernen Menschen fällt es schwer, die Begeisterung nachzuvollziehen, die den Erfolg der Gladiatorenspiele begründete: den kollektiven Durst nach Blut und die sadistische Freude beim Anblick des Todes der Gladiatoren oder Hingerichteten. Aber wir können heute ein Phänomen rekonstruieren, das die Massen bewegte und Intellektuellen wie dem einfachen Volk half ihre aggressiven Triebe abzubauen. Die Geschichte der Gladiatorenspiele nachzuzeichnen heißt auch, die Bedeutung dieser Spiele zu erfassen, die bei den Römern zu einem wirksamen Instrument politischer Einflussnahme wurden.

Die Gladiatorenspiele, lat. *ludi gladiatori*, sind den Geschichtsschreibern und Wissenschaftlern seit jeher ein Dorn im Auge. Wie lässt sich die Vorstellung von einer auf Recht und Ordnung basierenden Zivilisation wie der römischen mit Spielen vereinbaren, bei denen Menschen auf Leben und Tod kämpfen, sich den gefährlichsten Bestien aussetzen oder auf grausamste Weise hingerichtet werden; Spiele, die vom Staat finanziert und vom ganzen Volk mit Leidenschaft verfolgt werden. Ludwig Friedländer (1824–1909), ein genauer Kenner der römischen Kultur, spricht von den Gladiatiorenkämpfen als Ausweis einer zwar hoch entwickelten, aber komplett gedemütigten Gesellschaft mit einer niederträchtigen Bevölkerung.

Wie aber entstanden die Gladiatorenkämpfe und wo kämpften die ersten Gladiatoren? Lange Zeit folgte die historische Forschung einer Notiz, die sich bei dem Rhetor Athenaios (1. Jh. v. Chr.) findet: Eine ältere Quelle, den Geschichtsschreiber Nikolaos von Damaskus, zitierend, behauptet Athenaios, dass die Römer die Kunst der Spiele

Oben, Francesco Netti (1832–1894), Die Gladiatoren im Triklinium, *1872 (Neapel, Museo di Capodimonte). Unten, der Althistoriker Friedländer in einer Fotografie Ende des 19./Anfang 20. Jh.*

Unten, Detail aus einem Mosaik der Kaiserzeit mit der Darstellung von zwei Tänzern (Vatikan, Museo Pio Clementino).

von den Etruskern übernommen hätten (Athenaios, *Das Gelehrtenmahl*, IV, 153).

Das *Phersu*-Spiel der Etrusker

Diese Theorie passte gut in das verbreitete Bild einer maßgeblich durch die Etrusker beeinflussten römischen Kultur der Königszeit und der frühen Republik (7.–4. Jh. v. Chr.). Außerdem schienen andere Elemente die etruskische Herkunft der Spiele zu bestätigen, wie etwa die etymologischen Erläuterungen des Enzyklopädisten Isidor von Sevilla (um 560–636), nach denen das lateinische Wort *lanista* (mit dem man den Ausbilder einer Mannschaft von

Ein städtisches Phänomen

Die öffentlichen Spiele in Rom

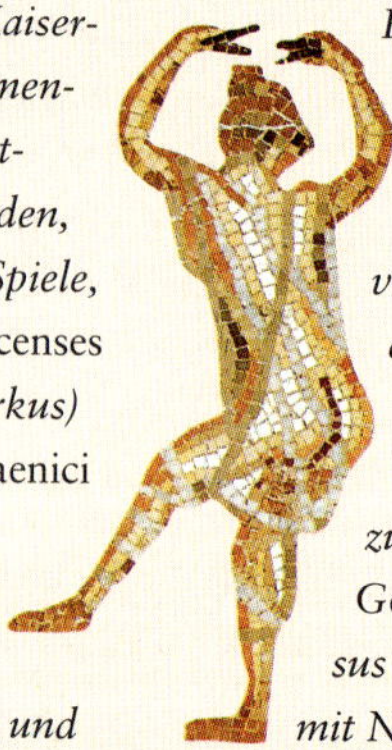

Während die Gladiatorenspiele bis zur Kaiserzeit im Zusammenhang mit Bestattungsriten standen, hatten andere Spiele, wie die ludi circenses *(Rennen im Zirkus) und die* ludi scaenici *(Theateraufführungen), schon immer eine öffentliche und religiöse Bedeutung. Sie dienten als bedeutende Manifestationen der politischen Einheit und der Einmütigkeit des Volkes und waren an die Feste zu Ehren der Götter gebunden. Die antike Tradition führte die Veranstaltung von Wagenrennen, die aus Anlass der* Consualia *(21. August) zu Ehren des Gottes Consus (später mit Neptun gleichgesetzt) veranstaltet wurden, bis zu Romulus zurück. Der Erfolg der Pferde- und Wagenrennen in den ersten Jahrhunderten Roms wird durch Feste wie den* Equirria *(27. Februar oder 14. März) oder den* Equus october *(Mars zu Ehren am 15. Oktober) belegt. Fester Anlass und Gelegenheit für Spiele und öffentliche Darbietungen waren auch die* ludi Romani, *die zu Ehren Jupiters veranstaltet wurden. Sie wurden im Jahr 509 v. Chr. eingeführt, um die*

Gladiatoren bezeichnete) auf etruskisch »Henker« bedeutete (*Origines* 10, 247). Diesen literarischen Überlieferungen stehen jedoch die archäologischen Quellen gegenüber: Kein etruskisches Relikt, sei es eine Vasenmalerei, ein Fresko oder eine Bronzestatuette, stellt eine Szene dar, die als Gladiatorenkampf interpretierbar wäre. Die zahlreichen überlieferten Darstellungen von Spielen zu Ehren Verstorbener, die vor allem auf den Wänden der unterirdischen Gräber gefunden wurden, zeigen Wagenrennen, Faustkämpfe

Links, Tonstatuette eines Gladiators aus Pompeji; es handelt sich um eine kleine Votivgabe, gestiftet anlässlich der Saturnalia, *mit denen man den Beginn eines neuen Jahres feierte (Neapel, Archäologisches Nationalmuseum). Unten, Flachrelief mit der Darstellung der Göttin Kybele, die einen von Löwen gezogenen Wagen lenkt.*

Einweihung des großen Jupitertempels auf dem Kapitol zu feiern. Ab dem 3. Jh. v. Chr. vervielfachten sich die Anlässe für die Stifter von öffentlichen Spielen, angefangen mit der Einführung der ludi plebeii, *die zum ersten Mal 216 v. Chr. gefeiert wurden. Diese Jupiter geweihten Feierlichkeiten dauerten fast zwei Wochen (vom 4. bis zum 17. November) und sahen neben Theateraufführungen an drei Tagen Wagenrennen vor; zwei Tage waren den Zirkusspielen anlässlich der* ludi Apollinares *gewidmet, die seit 208 v. Chr. eine Woche Feierlichkeiten im Juli vorsahen. Die Einführung des Kultes der Kybele, einer in Kleinasien verehrten Muttergöttin, bot 194 v. Chr. die Gelegenheit, eine weitere Festperiode einzuführen: die* ludi Megalenses *vom 4. bis zum 10. April. Ein ganzer Tag war dabei Wettrennen im Zirkus gewidmet.*

Rechts, Darstellung des Phersu-*Spiels, Fresko des 6. Jh. v. Chr. (Tarquinia, Tomba degli Auguri). Unten, Darstellung von zwei Theatermasken in einem römischen Mosaik (Rom, Kapitolinische Museen).*

und Seiltänzer, aber niemals grausame Kampfszenen. Es existieren nur zwei Ausnahmen: die Darstellungen des sog. »Spiels des *Phersu*« in zwei Gräbern in Tarquinia (in der *Tomba degli Auguri*/Grab der Priester), datiert 540–520 v. Chr, und in der *Tomba delle Olimpiadi* (Grab der Olimpiadi), datiert 525–520 v. Chr.). Beide Darstellungen zeigen, wie ein Mann, dessen Kopf unter einer Kapuze versteckt ist, mit einem Stock bewaffnet gegen einen Hund kämpft, der von einer dritten Person aufgehetzt wird. Diese trägt eine Maske und ist mit dem Namen *Phersu* bezeichnet, jenem etruskischen Wort, von dem das lateinische *persona* (Maske) abstammt. In beiden Fällen ist die Darstellung Teil eines Frieses, der die klassischen athletischen Wettkämpfe zu Ehren eines Verstorbenen zeigt. Es liegt also nahe, dass das *Phersu*-Spiel mit diesen Ritualen ver-

bunden war. Doch auch wenn das Spiel des *Phersu* – ebenso wie die ersten Gladiatorenspiele, wie wir noch sehen werden – mit den Bestattungsriten in Verbindung stand, so kann in ihm doch kein unmittelbarer Vorläufer der römischen Gladiatorenspiele gesehen werden. Denn es handelte sich nicht um einen Kampf zwischen zwei bewaffneten Männern, sondern, da das Geschehen wohl einen grausamen Ausgang hatte, um eine Hinrichtung durch Raubtiere.

Unten, Flachrelief mit Darstellung eines Gladiators, 3. Jh. n. Chr.

Der kampanische Ursprung der Gladiatorenspiele

Diesen bildlichen etruskischen Quellen stehen Zeugnisse gegenüber, nach denen sehr viel wahrscheinlicher ist, dass der Ursprung der Gladiatorenspiele in Kampanien liegt. In den Nekropolen von Paestum, einer von den Griechen gegründeten Stadt, die gegen Ende des 5. Jh. v. Chr. von den Lukanern erobert wurde, sind mehr als 30 Grabmalereien aus der Zeit zwischen 370 und 340 v. Chr. erhalten, die neben den athletischen Spielen zu Ehren der Bestatteten, wie sie in der hellenistischen Tradition üblich waren, Szenen eines Kampfes zwischen zwei bewaffneten Männern zeigen. In einigen Fällen ist eine dritte Person zwischen den beiden Kämpfern anwesend, vermutlich eine Art Kampfrichter, was auf organisierte Kämpfe mit festgelegten Regeln schließen lässt. Die Darstellungen belegen für Kampanien eine lange Tradition von Gladiatorenkämpfen, die weit über die Idee eines Menschenopfers am Grab des Verstorbenen hinausgehen. Offensichtlich haben die sakralen Rituale, die sich

Rechts, Darstellung eines Gladiatorenkampfes, Mosaik (Verona, Museo Archeologico al Teatro romano).
Unten, Hinrichtung einer auf einen Stier gefesselten Frau, Tontafel aus Syrien, 3.–4. Jh. n. Chr. (Paris, Louvre).

auf die Welt der Toten bezogen, zur Entstehung dieser Kämpfe auf Leben und Tod geführt und deshalb muss man dem Kirchenvater Tertullian (um 150–230) recht geben, der die Gladiatorenkämpfe als Folge jener Bestattungsriten sieht, mit denen die Seelen der Verstorbenen versöhnt werden sollten (*De spectaculi,* XII, 2). Der lateinische Begriff, der am häufigsten für die Spiele gebraucht wurde, *munus* (Pl. *munera*), bewahrt deutliche Spuren dieses Entstehungszusammenhangs, denn die ursprüngliche Bedeutung des Wortes *munus,* »Ehrerbietung«, »Verpflichtung«, deutet unmissverständlich auf das Einlösen von Pflichten gegenüber den Toten.

Der kampanische Ursprung der *munera* wird auch durch andere Anhaltspunkte belegt: Der Name einer der ältesten bekannten Gladiatorengattungen, der *samnites,* leitet sich vom italischen Stamm der Samniten ab, der seit dem 5. Jh. v. Chr. in Kampanien lebte. Wenn man außerdem bedenkt, dass gerade in Kampanien die ersten gemauerten Amphitheater bezeugt sind (Ende 2. Jh. v. Chr.), erscheint es einleuchtend, dass die Gladiatorenkämpfe in diesem Landstrich nicht nur ihren Ursprung hatten, sondern, dass sie hier auch, organisiert nach genau festgelegten Regeln, zu einem Massenphänomen wurden, lange bevor dies in Rom der Fall war.

Eine Möglichkeit, die Notiz bei Athenaios über den etruskischen Ursprung der Spiele zu erklären, könnte aber sein, dass die Etrusker eine Art Vermittlerrolle bei der Verbreitung des grausamen Spiels hatten, das sie in die-

Unten, Malerei aus Grab 86 in Andriuolo, mit Viktoria (Nike) *auf einem Streitwagen bei einem Wagenrennen, 325–300 v. Chr. (Paestum, Archäologisches Museum).*

Reich an bildlichen Zeugnissen

Die Nekropolen von Paestum

In den letzten Jahren des 7. Jh. v. Chr. gründeten Griechen aus Sybaris die Kolonie Poseidonia. Ende des 5. Jh. v. Chr. von dem italischen Stamm der Lukaner erobert, erhielt die Stadt den Namen Paestum, den sie auch beibehielt, als sie 273 v. Chr. römische Kolonie wurde. Aus den Nekropolen von Paestum stammen zahlreiche mit Fresken bemalte Steinplatten, die in ihrer Gesamtheit eines der deutlichsten Zeugnisse der Hellenisierung der italischen Eliten in jener Zeit sind. Die Fresken, die in das 4. Jh. v. Chr. datieren und stilistisch eng mit der damaligen Vasenmalerei Großgriechenlands verwandt sind, beziehen sich vor allem auf Bestattungsriten: Neben Wagenrennen, Faust- und anderen Kämpfen finden sich Gruppen von Frauen, verschiedene Gegenstände haltend oder bei der Leichenklage, aber auch Szenen wie die Aufbahrung eines Leichnams, der von Flötenspielern flankiert wird. Selten sind hingegen historische Themen dargestellt, wie zum Beispiel eine Schlachtszene mit zwei bewaffneten Gruppen, die sich vor einem Berg bekämpfen. Während in den meisten Fällen die ikonographischen Vorbilder aus Griechenland stammen und durch die attische und apulische Vasenmalerei verbreitet waren, so findet man auch originäre Themen, wie das Motiv des zurückkehrenden Kriegers oder einer Wolle spinnenden Frau, die das römische Ideal der »mater, univira et lanifica« *verkörpert (Mutter, die im Leben nur mit einem Mann verheiratet und fähig ist, Wolle zu spinnen).*

Unten, Szene einer Komödie auf einem Flachrelief aus Pompeji (Neapel, Archäologisches Nationalmuseum). Gegenüberliegende Seite, oben, Darstellung eines Gladiatorenkampfes, Mosaik aus der Villa Nennig (Saarland), 2. Jh. n. Chr.; unten, Flachrelief mit der Darstellung eines Schauspielers im Kostüm, 2.–3. Jh. n. Chr. (Rom, Museo della Civiltà Romana).

sem Fall von den Einwohnern Kampaniens übernommen hätten.

Was Rom betrifft, so sind Gladiatorenkämpfe erstmals für das Jahr 264 v. Chr. belegt: Wie Livius und Valerius Maximus überliefern, ließen in diesem Jahr Marcus und Decimus Junius Brutus bei den Gedächtnisfeiern zu Ehren ihres Vaters, des Altkonsuls Junius Brutus Pera, drei Paare von Gladiatoren im Forum Boarium gegeneinander kämpfen. Auch in Rom begannen die Gladiatorenspiele somit als private Veranstaltungen und waren, genauso wie in Kampanien, mit Bestattungsfeierlichkeiten verbunden.

Der Erfolg der Spiele im antiken Rom

Zwar sind nur wenige literarische Quellen zu diesem Zeitraum der römischen Geschichte überliefert, doch die fragmentarischen Angaben zur Frühzeit der Gladiatorenspiele stimmen darin überein, dass sich das Phänomen, das mit seinem morbiden Reiz das römische Volk fesselte, schnell durchsetzte. 216 v. Chr. organisierten die drei Söhne des Exkonsuls Marcus Aemilius Lepidus aus Anlass der Begräbnisfeiern für ihren Vater einen *munus,* an dem 22 Gladiatorenpaare teilnahmen. Bei den Feiern für Marcus Valerius Laevinus im Jahr 200 v. Chr. war die Zahl der Paare bereits auf 25 gestiegen und bei dem 174 v. Chr. von Titus Flaminius für seinen verstorbenen Vater organisierten *munus* kämpften schließlich 74 Paare gegeneinander.

Die rasch wachsende Bedeutung der Gladiatorenspiele in der römischen Gesellschaft zeigt sich jedoch nicht nur in der steigenden Zahl der Kämpfenden, sondern auch anhand der Orte, an denen die Spiele stattfinden. Während der erste erwähnte *munus* 264 v. Chr. noch im Forum Boarium stattgefunden hatte, einem wenig prachtvollen Marktplatz, war schon von 216 v. Chr. an das Forum Romanum, also das Zentrum des zivilen und politischen Lebens Roms, Schauplatz der Gladiatorenspiele. Der Platz, der von den Tempeln des Saturn, der Dioskuren und der Concordia und den zivilen Basiliken umgeben war, wurde vermutlich bei diesen Anlässen mit Sitzreihen aus Holz versehen, die eine optimale Sicht für alle Zuschauer ermöglichten. Es gab jedoch auch weniger vergängliche Bauten für die Spiele: Livius berichtet von einem Holzbalkon, den der Zensor Caius Menius 338 v. Chr. auf dem Forum errichten ließ. Er wurde zum Prototyp einer Bauweise, die nach ihrem Erfinder *maeniana* genannt wurde. Wenn man der Notiz bei Livius Glauben schenkt, wäre damit nicht nur die Existenz einer speziellen Architektur für die Schauspiele belegt, sondern auch, dass in Rom schon am Ende des 4. Jh. Gladiatorenspiele stattfanden, die auf dem Forum Romanum abgehalten wurden. Dann wären die Gladiatorenspiele bereits

Der Erfolg der Arena

Der Niedergang des Theaters

Der Erfolg der Gladiatorenspiele beim Publikum wurde zum Verhängnis für andere Arten von Darbietungen, vor allem für das Theater. Gut bezeugt dies eine Episode, die sich 160 v. Chr. ereignete: Das Publikum einer Aufführung der Komödie Hecyra *von Terenz verließ damals das Theater mitten in der Vorstellung, um zu den Gladiatorenkämpfen zu gehen, die der Sohn des Aemilius Paulus gestiftet hatte.*

so früh sowohl in Kampanien als auch in Rom dokumentiert: ein weiterer Beleg für den kampanischen Ursprung der Spiele und ein Argument für deren direkte Verbreitung nach Rom.

Auch wenn die Rolle der Etrusker bei der Vermittlung der Gladiatorenspiele nach Rom also ziemlich fragwürdig bleibt, so ist hingegen sicher, dass sich die Gladiatorenspiele von Rom aus in die anderen Mittelmeerländer ausbreiteten. Schon 206 v.Chr. hielt Publius Cornelius Scipio

Das erste »Kolosseum« Roms

Das Forum Romanum

Unten, das Forum Romanum auf einem Stich, Ende des 19. Jh.

Für lange Zeit – eventuell schon seit dem 4. Jh. v. Chr., mit Sicherheit jedoch seit Mitte des 3. Jh. v. Chr. – war das Forum Romanum, das Zentrum des zivilen Lebens in Rom, auch der bevorzugte Veranstaltungsort für die Gladiatorenspiele. Die Praxis, die tödlichen Kämpfe auf dem Hauptplatz des städtischen Lebens abzuhalten, ist nicht nur für die urbs*, sondern auch für die Städte der Provinz, etwa für Cosa, Paestum und Pompeji, archäologisch belegt.*

Es ist nicht einfach sich vorzustellen, wie das Forum Romanum während der Spektakel ausgesehen haben könnte. Vermutlich waren an allen Seiten des Platzes vorübergehend Holzkonstruktionen (Sitzreihen, aber auch Balkone und Loggien) aufgebaut, sodass der Raum für die Kämpfe ziemlich beengt war. Berechnungen nach war der Platz des Forums in republikanischer Zeit mehr als 150 m lang und 50 breit und damit mehr als 7 000 m² groß. Davon

Africanus in Cartagena in Spanien mit außerordentlichem Erfolg bei der Bevölkerung einen *munus* zu Ehren seines Vaters und seines Onkels ab. Schon wenige Jahre später wurde in Antiochia in

Links, Luftbild des Forum Romanum.
Unten, Büste Julius Caesars (Vatikan, Museo Pio Clementino).

waren jedoch 5000 m² durch die Aufbauten belegt. Plutarch spricht bei seiner Beschreibung der Theaterarchitekturen von Sitzreihen, die den Platz »umkreisen«, doch es ist riskant, daraus mit Sicherheit schließen zu wollen, dass die cavea lignea *(der hölzerne Zuschauerraum) an beiden kurzen Seiten einen elliptischen Grundriss hatte. Es ist hingegen wahrscheinlicher, dass das Forum anlässlich der Spiele wie eine Art »in die Länge gezogenes« Amphitheater aussah. Denn das Amphitheater, das der mauretanische König Juba II. (um 24 v. Chr. – 23 n. Chr.) in seiner Hauptstadt Caesarea errichten ließ, hat eine solche verlängerte elliptische Form, die sehr wahrscheinlich die Holzsitzreihen im Forum nachahmen sollte, die der König während seiner Kindheit in Rom gesehen hatte. Die Funktion des Forums als Arena, die vom 1. Jh. v. Chr. an dessen andere Nutzungen in den Hintergrund drängte, war der Anlass für die umfangreichen unterirdischen Arbeiten unter Caesar in der Mitte des 1. Jh. v. Chr. Der Platz, der einer der Hauptveranstaltungsorte für Schauspiele geworden war, wurde nun mit einem komplexen Netz von unterirdischen Gängen ausgestattet, die es ermöglichten, mithilfe von komplizierten Lastenaufzügen urplötzlich Gladiatoren, Raubtiere und Theaterkulissen auf der Bühne erscheinen zu lassen. Das Forum wurde damit eine Art Versuchsfeld, auf dem zum ersten Mal ein effizientes unterirdisches System von Gängen getestet wurde, das dann ab dem folgenden Jahrhundert in jedem großen Amphitheater aufgegriffen werden sollte.*

Rechts, Venatio-Szene, Mosaik der Villa in Zliten (Libyen), 3. Jh. n. Chr. Unten, Kriegselefant mit Zinnenturm, Terrakotta-Statuette.

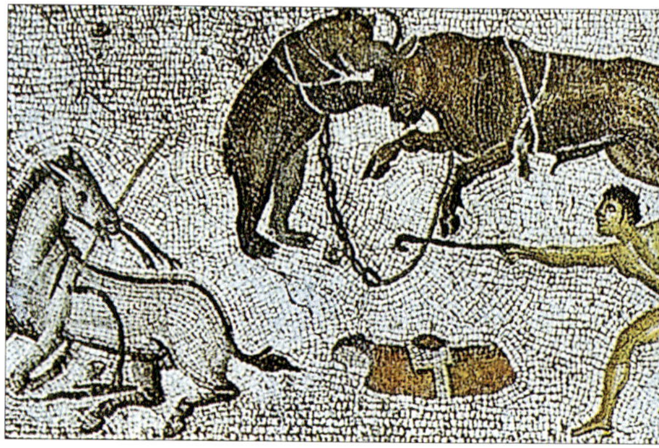

Syrien, wo die Spiele von Antiochos Epiphanes eingeführt wurden, eine Gladiatorenschule errichtet, ein Beleg dafür, dass sich der Gefallen an Gladiatorenspielen in der ganzen hellenistischen Welt verbreitete.

Die Jagd auf wilde Tiere

In derselben Zeit, in der das Gladiatorenduell langsam feste Form annahm, kam ein weiteres grausames Spiel in Mode, das sich ein paar Jahrhunderte später mit dem *munus* verbinden sollte: die Hetzjagd auf wilde Tiere, die *venationes*. Bis zur Zeit des Augustus behielten diese Jagden eher den Charakter eines zirzensischen Spiels und der Circus Maximus, das riesige Hippodrom, das sich im Tal zwischen Palatin und Aventin erstreckte, war lange der bevorzugte Rahmen für diese Art der Unterhaltung. Plinius d. Ä. berichtet von einer

Unten, Stele zu Ehren Marcus Fulvius Nobilior (Rom, Museo della Civiltà Romana).

Darbietung im Circus Maximus im Jahre 251 v.Chr. mit afrikanischen Elefanten, die beim Sieg über die Karthager gefangenen worden waren (*Naturalis Historia* 8,6,17). Er präzisiert allerdings nicht, ob es sich um die Zurschaustellung einer bis dahin nie gesehenen Tierart handelte oder ob es eine regelrechte Jagd war. Die Praxis, exotische Tiere im Circus Maximus zur Schau zu stellen, ist jedoch für die folgenden Jahrzehnte belegt: 197 v.Chr. wurden dem Volk dort beispielsweise Strauße gezeigt. Erst für das Jahr 186 v.Chr. gibt es sichere Angaben über eine richtige Jagd. In diesem Jahr stiftete Marcus Fulvius Nobilior, ein bedeutender Politiker und später ein berühmter Zensor (179 v.Chr.), eine *venatio*, deren Protagonisten *ferae dentatae* (auch *ferae libycae* genannt) waren, also Löwen, Tiger und Leoparden – Tiere, die von da an die Stars dieser Art von Schauspiel wurden. Die explosionsartige Zunahme der Raubtiere, die bei den *venationes* eingesetzt

Rechts, Fragment eines Reliefs mit der Darstellung eines Gladiators, der einen Retiarius *(mit Netz und Dreizack) bezwingt (Rom, Museo Nazionale Romano). Unten, Detail aus dem Modell des kaiserzeitlichen Rom, (Rom, Museo della Civiltà Romana).*

wurden, bezeugt den rasch wachsenden Erfolg dieser Art von Spiel beim Publikum: Schon 169 v.Chr. präsentierten Scipio Nasica und Cornelius Lentulus dem Volk 63 *ferae africanae,* darunter mehr als 40 Bären und Elefanten, während Sulla zu Beginn des 1.Jh.v.Chr. eine Jagd auf mehr als 100 Löwen organisierte. Eng verbunden mit dem Erfolg der *venationes* war auch die Institution der Hinrichtung durch die *damnatio ad bestias,* von Deserteuren, Kriegsgefangenen und Verbrechern niedriger sozialer Herkunft. Die erste Erwähnung einer öffentlichen Exekution von desertierten Söldnern, die durch Elefanten zu Tode getrampelt wurden, geht auf das Jahr 16 v.Chr. zurück. Bei den 146 v.Chr. von Scipio Aemilianus ausgerichteten Triumphfeiern (anlässlich des Sieges

Die größte Unterhaltungsstätte aller Zeiten

Der Circus Maximus

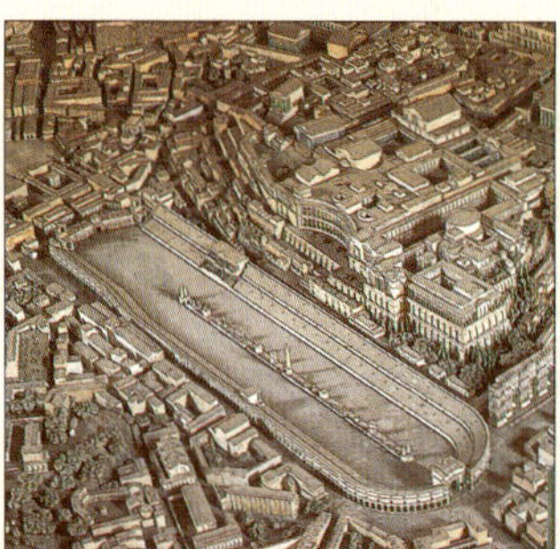

Schon Ende des 7.Jh.v.Chr. wurde im Auftrag von Tarquinius Priscus in der vallis Murcia *zwischen den Hängen von Palatin und Esquilin ein Zirkus angelegt. Er hatte vorwiegend die Funktion eines Hippodroms, seit dem 2.Jh.n.Chr. fanden hier jedoch auch häufig* venationes *mit zahllosen Raubtieren statt. Der längliche, mehr als 600 m lange Komplex bot Platz für 150 000, nach der von Nero veranlassten*

über Karthago) wurden desertierte Söldner wilden Tieren vorgeworfen. Damit wurde diese Form der Todesstrafe, die in den kommenden Jahrhunderten einen bemerkenswerten Erfolg haben sollte, zu einem festen Programmbestandteil der Spiele.

Bereits in der zweiten Hälfte des 2. Jh. v. Chr.. waren also drei Elemente des klassischen *munus* verbreitet: die *venatio,* die *damnatio ad bestias* und der Gladiatorenkampf. Es sollte jedoch noch über ein Jahrhundert dauern, bis diese zu einem einzigen, einen ganzen Tag andauernden Schauspiel gebündelt wurden.

Unten, Luftbild des Circus Maximus; gut sichtbar ist die zentrale Spina, auf der auch die Obelisken der Pharaonen Ramses II. und Thutmosis III. errichtet waren.

Erneuerung und Vergrößerung sogar für 250 000 Zuschauer. Die letzten unter Domitian und Trajan durchgeführten Restaurierungen (Ende 1. Jh. bis Anfang 2. Jh.) sollten das Hippodrom noch einmal vergrößern: Quellen aus dem 4. Jh. n. Chr. reden von einem Fassungsvermögen von 385 000 Zuschauern. Die riesige, von einer dreigeschossigen Arkade gestützte cavea *wurde im Osten von den zwei Türmen der* carceres *(den Startboxen der Wagen) begrenzt. Die Bahn war durch einen mehr als 300 m langen Mittelstreifen, die* spina, *zweigeteilt. Auf der* spina *waren Statuen und zwei Obelisken aufgestellt, die nach ihrer Wiederentdeckung 1587 auf der Piazza del Popolo und der Piazza San Giovanni in Laterano aufgestellt wurden.*

Die Entstehung einer Unterhaltungs-industrie

- Die Herkunft der Gladiatoren
- Die Ausbildung zum Kampf
- Die Typologie der Kämpfer

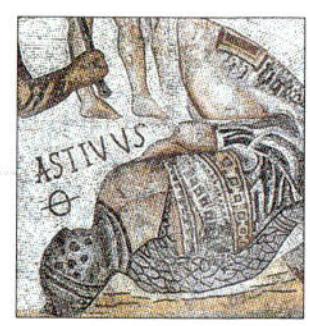

- Weitere Gladiatorengattungen
- Die *venatores* und die Raubtiere

Die Gladiatorenspiele wurden durch den wachsenden Erfolg beim Publikum schnell zu einem Massenspektakel, das eine bedeutende Rolle im komplexen Machtgefüge der späten Republik spielen sollte. Auch wenn der Bezug zu Gedenkfeiern und Begräbniszeremonien formell aufrechterhalten wurde, entwickelten sich die ludi *bald zu einem wirksamen Instrument politischer Propaganda, das dazu diente, sich die Unterstützung des Volkes zu sichern. Die Instrumentalisierung der Spiele war schließlich so verbreitet, dass Cicero während seiner Amtszeit als Konsul 63 v.Chr. ein Gesetz* (Lex Tullia de ambitu) *erließ, das jedem Kandidaten verbot, in den beiden der Wahl vorausgehenden Jahren Gladiatorenspiele zu stiften.*

Oben, Illustration aus der 2. Hälfte des 19. Jh., die den Gruß der Sieger darstellt. Unten, Porträtbüste des Augustus aus der 1. Hälfte des 1. Jh. n. Chr. aus Kyme in der Türkei (Istanbul, Archäologisches Museum).

Während die Gladiatorenspiele aus politischen Gründen eingeschränkt wurden, waren die *venationes*, die eigentlich zum Bereich der *ludi circenses* gehörten, ein fester Bestandteil der Feierlichkeiten, die die Ädilen und Quaestoren obligatorisch zu Beginn ihrer Amtszeit anzuberaumen hatten. Es ist verständlich, dass eine Gesellschaft wie die des Augusteischen Zeitalters es als störend empfand, dass die Gladiatorenspiele wegen ihres sakralen Status von jeder gesetzlichen Kontrolle entbunden waren. Denn nach den Demütigungen durch den jahrzehntelangen Bürgerkrieg versuchte man, Einheit und Eintracht wiederherzustellen, indem man die Macht einem Einzelnen anvertraute: Oktavian, dem Adoptivsohn Julius Cäsars. Oktavian war sich der Gefahr bewusst, die von den Spielen ausgehen würde, wenn dieses wirksame Mittel der Masseninstrumentalisierung in die falschen Hände geriete. So versuchte er

Der Mythos des Spartakus

Karl Marx, der auch ein großer Kenner der Antike war, beschreibt die Figur des berühmtesten Gladiators aller Zeiten mit den Worten: »Spartakus erscheint als der famoseste Kerl, den die ganze antike Geschichte aufzuweisen hat. Großer General, nobler Charakter, a real representative *des antiken Proletariats.« Dies ist der Beginn eines Mythos, der bis heute durch eine ununterbrochene Flut von Büchern und Filmen lebendig geblieben ist. Tatsächlich war Spartakus eine Persönlichkeit, die bereits für die Zeitgenossen die Grenze zum Fantastischen übertrat. Über sein Leben, bevor er Gladiator wurde, gibt es nur Spekulationen. Nach Appian war Spartakus thrakischer Herkunft und ein römischer Soldat, der wegen Desertion zum Gladiator verurteilt wurde. Nach Florus hingegen war er ein Söldner, der nach seiner Desertion zum Räuber wurde, um dann spontan, im Vertrauen auf seine außergewöhnliche körperliche Konstitution, die Gladiatorenkarriere einzuschlagen. Auch seine Frau, die prophetische Fähigkeiten hatte und bacchische Ekstasen durchlebte, trug zu dem übermenschlichen Bild ihres Mannes bei, dem seine Anhänger mystische und übernatürliche Kräfte zusprachen. Die Historiker sind sich zumindest in der Beschreibung der Ereignisse einig, die Spartakus und sein Heer aus Gladiatoren und Sklaven zu einer tödlichen Gefahr für Rom werden ließen: Im Jahre 73 v.Chr. rebellierte Spartakus zusammen mit einer Gruppe von Gladiatoren, die wie er der Gladiatorenschule eines gewissen Lentulus Batiatus in Capua angehörten. Die Aufständischen flüchteten sich zunächst auf den Vesuv, wo sich ihnen innerhalb weniger Monate Tausende geflohener Sklaven anschlossen. Die Quellen sprechen von einer Zahl von ungefähr 40 000 Männern, die laut Appian auf bis zu 70 000 anstieg. Die Römer unterschätzten lange Zeit die Gefahr dieses* bellum servile *(Sklavenkrieges). So entsandten sie*

© Corbis / Contrasto

Truppen, die nicht speziell ausgebildet waren und von Befehlshabern angeführt wurden, die wenig Erfahrung hatten. Dadurch ermöglichten sie die Ausbreitung der Truppen des Spartakus auf die gesamte Halbinsel. Städte wie Nola, Nocera und Metapontus fielen in die Hände der Aufständischen. Innerhalb kurzer Zeit schafften sie es, die Straße bis nach Modena unter ihre Gewalt zu bringen. Aus ungeklärten Gründen kehrte Spartakus jedoch, nachdem er den Appenin passiert hatte, wieder in Richtung Rom um. Ursache hierfür waren eventuell Streitigkeiten innerhalb des Heeres: zwischen der keltisch-germanischen Gruppierung, die offensichtlich gen Norden strebte, und der thrakisch-italischen Gruppierung, die den Krieg auf der Halbinsel fortsetzen wollte. Anscheinend setzte sich die zweite Fraktion bei Modena durch und zwang Spartakus, das Heer erneut Richtung Süden zu führen. Spartakus verübte den römischen Geschichtsschreibern zufolge immer wieder Taten ausgesprochener Grausamkeit, etwa indem er – als eine Form von Rache – die gefangenen Römer als Gladiatoren kämpfen oder sie über dem Grab seines Stellvertreters Krixos opfern ließ.

Erst 71 v. Chr. übertrugen die Römer dem erfahrenen General Crassus die Aufgabe, Spartakus, der die Halbinsel nun schon zwei Jahre lang wie ein zweiter Hannibal plünderte, zu besiegen. Die Entscheidungsschlacht fand bei Brindisi statt, wo das Heer der Rebellen bei einem Kampf eingeschlossen wurde.
Die römische Rache war äußerst hart: 60 000 Spartakisten wurden getötet, 6 000 lebendig gefangen genommen und an der Straße von Rom nach Capua gekreuzigt.
Vom Körper des gefallenen Spartakus fand man keine Spur, was den Mythos eines Mannes, der drei Jahre lang das mächtigste Heer der Welt in Schach gehalten hat, noch stärkte.

Einige Szenen aus dem Film *Spartakus* (1960) von Stanley Kubrick (1928–99, oben auf dieser Seite); Kirk Douglas spielte den Gladiator thrakischer Herkunft und Laurence Olivier (1907–89) den Befehlshaber Crassus.

Rechts, Votivöllampe aus Terrakotta aus dem 3. Jh. n. Chr. in Form eines Gladiatorenhelms (Rom, Nationalmuseum der Villa Giulia). Unten, Helm, gefunden in der Gladiatorenkaserne in Pompeji (Neapel, Archäologisches Nationalmuseum).

die Situation dadurch zu entspannen, dass er auch die Veranstaltung der Gladiatorenspiele staatlicher Kontrolle unterstellte. Fünf Jahre nach seiner Benennung als Augustus erließ er 22 v. Chr. ein Gesetz, das nicht nur eine Höchstzahl von 120 Gladiatoren für nicht vom Kaiser veranstaltete Spiele festlegte, sondern auch vorschrieb, dass alle Spiele vom Senat autorisiert sein mussten. Von da an wurden in Rom, soweit bekannt, keine Gladiatorenspiele mehr von Privatpersonen veranstaltet. Die einzigen *editores* oder *munerarii*, wie die Veranstalter der Spiele bezeichnet wurden, waren der Kaiser und die jungen Quaestoren, die ab dem 1. Jh. n. Chr. dazu verpflichtet wurden, jährlich die beträchtlichen Ausgaben des *munus* einzutreiben.

Ein Gewerbe mit tausend Facetten

Das Geschäft mit den Gladiatoren

Die Stifter der Spiele, die munerarii, *wurden immer wieder Opfer der überzogenen Forderungen der* lanisti, *die nicht zögerten, riesige Summen für die von ihnen ausgebildeten Athleten zu verlangen. Im Todesfall eines Kämpfers musste nicht nur dessen einmaliges Engagement bezahlt werden, sondern der gesamte Wert des Gladiators, der bis zu 10 000 Sesterzen betragen konnte. Der Verdienst der* lanisti, *unter ihnen auch Frauen wie eine gewisse Hecatea, die Eigentümerin eines* ludus *auf der Insel Thasos in Griechenland, war so hoch, dass der Staat Ende des 2. Jh. n. Chr. von ihnen Forderungen in Millionenhöhe als Abgabe an den Fiskus fordern konnte. In dieser Zeit unternahm man – aufgrund einer Intervention Mark Aurels – den einzigen überlieferten Versuch, den kontinuierlichen Preisanstieg zu bremsen: Man legte eine Obergrenze fest, an die*

Die Herkunft der Gladiatoren

Unter Augustus fand der Prozess der Verweltlichung der Gladiatorenspiele seinen Abschluss. Auch wenn bis zu Beginn des 2. Jh. n. Chr. noch vereinzelt Spiele im Rahmen von Gedenkfeiern und Begräbniszeremonien abgehalten wurden, waren die Gladiatorenkämpfe nun zu Spielen geworden, die allein dem Vergnügen und der Unterhaltung des Volkes dienten. Diese Entwicklung trug zur Prägung des Begriffs des *munus legitimum* bei, also des »klassischen« *munus*, dessen im Augusteischen Zeitalter entwickelte Form bis in die Spätantike bindend blieb: *venationes* (Tierjagden) am Vormittag, eine Pause mit akrobatischen Spielen oder spektakulären Vollstreckungen von Todesurteilen mittags und schließlich Gladiatorenkämpfe in den Nachmittagsstunden.

Unten, Mosaikfragment aus dem 4. Jh. n. Chr. mit einem Gladiatorenkampf. Es handelt sich um einen Teil eines Fußbodens, der in Terranuova in der Nähe der Via Tuscolana bei Rom gefunden wurde (Rom, Galleria Borghese).
Unten, Relief aus dem 3. Jh. n. Chr. mit einem Gladiatorenkampf, gefunden an der Via Appia (Rom, Kapitolinische Museen).

sich die habgierigen lanisti *zu halten hatten. Während der Beruf des* lanista *so sehr geächtet war, dass die* lanisti *sogar von öffentlichen Ämtern ausgeschlossen waren, vollzogen sich mithilfe der Gladiatorenspiele weitaus angesehenere staatliche Karrieren. Dies galt etwa für die Direktoren der kaiserlichen* ludi, *die enorme Gehälter bezogen, beispielsweise 200 000 Sesterzen im Jahr, wie der Leiter der größten kaiserlichen Gladiatorenschule, des* ludus Magnus *in Rom. Unter dem Rang der Direktoren der* ludi *standen die* procuratores *mit einem Jahresgehalt von 60 000 Sesterzen. Sie hatten das Reich in Zonen aufgeteilt, innerhalb derer sie ständig neue Rekruten aushoben, mit denen sie die kaiserlichen Talentschmieden versorgten.*

Rechts, Marmorrelief aus der Kaiserzeit mit der Darstellung der Ergreifung eines Kriegsgefangenen (Rom, Vatikanische Museen). Unten, Statue des Kaisers Hadrian aus dem 2. Jh. n. Chr., der in Siegerpose mit seinem linken Fuß einen besiegten Barbaren niederdrückt (Istanbul, Archäologisches Museum).

Bevor wir uns den Rüstungstypen widmen, die ebenfalls erst in jener Epoche definitiv festgelegt wurden, wollen wir den Blick zunächst auf die Rekrutierung, die Herkunft und die Ausbildung der Gladiatoren wenden. Seit den Anfängen der Gladiatorenspiele bestand der Großteil der Kämpfer aus Kriegsgefangenen, zum Tode Verurteilten und Sklaven, die – ob sie wollten oder nicht – die gefährliche Karriere eines Gladiators antreten mussten. Die in Inschriften überlieferten Namen lassen erkennen, dass diejenigen, die von Geburt an Sklaven waren und nur durch ein *cognomen* (Nachnamen) bezeichnet wurden, die Mehrheit der Gladiatoren bildeten. Allerdings führt der Brauch, auf Grabinschriften Spitznamen zu verwenden, etwa *Invictus*, *Ferox* oder *Hercules*, dazu, dass man die soziale Herkunft der Kämpfer nicht immer sicher bestimmen kann. Freie Männer oder Freigelassene in den Reihen der Gladiatoren waren keine Ausnahme, insbesondere nachdem Kaiser Hadrian (117–138) per Gesetz den Verkauf von Sklaven an Gladiatorenmeister, die *lanisti*, verboten hatte. Sogar Mitglieder des römischen Adels zögerten nicht, die Arena zu betreten, wie es im Jahre 57 n. Chr. geschah, als gut 400 Senatoren und 600 Ritter (lat. *equites*, im Sinne von »Neureiche«)

sich bekämpften. Die Praxis muss bereits in den vorausgegangenen Jahren sehr verbreitet gewesen sein, denn zwei Dekrete, eines von 11 n.Chr., eines von 19 n.Chr., bekräftigen ein Verbot für Senatoren, Ritter und ihre Familienangehörigen, als Gladiatoren zu kämpfen. Aber alles in allem waren adelige Gladiatoren eher Einzelfälle. Dagegen gab es eine große Zahl von freien Männern, die in der Hoffnung auf leichten Verdienst oder Berühmtheit freiwillig den gefährlichen Beruf des Gladiators wählte. Diese sogenannten *auctorati*, die von Livius als Exempel höchster Käuflichkeit geschmäht wurden, konnten sich auf der Grundlage eines Gesetzes, des *lex Italicensis*, selbst einem *lanista* anbieten und verzichteten dabei für die gesamte Zeit ihres Engagements auf jegliche Bürgerrechte. Für den ersten Vertrag konnte ein *auctoratus* mindestens 2000 Sesterzen als Vergütung verlangen. Wenn er jedoch seine Anstellung mit Ablauf des Vertrags erneuerte, stieg die Bezahlung auf 12000 Sesterzen. Die freien Gladiatoren, die nach Meinung einiger Historiker während der gesamten Kaiserzeit eventuell sogar die Mehrheit bildeten, legten mit ihrer Unterschrift einen Schwur ab, der uns von zahlreichen Autoren (Seneca, Horaz, Petronius Arbitrus)

Unten, Mosaikfragment vom Ende des 3. Jh. n. Chr. aus einer Villa bei Tuscolo. Es handelt sich nicht nur um eine der prachtvollsten und genauesten Darstellungen der munera gladiatoria, *sondern auch um eines der Hauptwerke der römischen Kunst der Spätantike (Rom, Galleria Borghese).*

überliefert ist. Mit diesem erkannten die Rekruten (lat. *tirones*) dem *lanista* das Recht zu, sie mit Feuer zu bestrafen, in Ketten zu legen, zu schlagen und zu töten, kurz: über ihren Körper zu verfügen, wie er es für richtig hielt. Die Angaben in den Begräbnisinschriften der Gladiatoren bezeugen, dass die Männer mit etwa 18 Jahren, dem für den Militärdienst erforderlicheN Alter, berufen wurden und eine Lebenserwartung von höchstens 30 Jahren hatten. Vergleicht man aber diese Zahlen mit der damaligen durchschnittlichen Lebenserwartung, so weichen die Werte nicht weit voneinander ab.

Die Ausbildungszentren

Die Gladiatorenschulen

Die familiae *der Gladiatoren lebten in eigens errichteten Kasernen, die den Namen* ludus *erhielten. Die ersten schriftlichen Zeugnisse über* ludi *gehen auf das 2. Jh. v. Chr. zurück, aber es ist schwer zu rekonstruieren, wie diese älteren Gladiatorenschulen ausgesehen haben. Was die darauf folgende Epoche (1. Jh. v. Chr. – 1. Jh. n. Chr.) betrifft, so ist bekannt, dass die* ludi *in Form von Säulenhallen angelegt sein konnten, wie es etwa bei dem Quadroportikus hinter dem Theater von Pompeji der Fall ist, der seit dem Augusteischen Zeitalter mit Sicherheit eine Schule für Gladiatoren beherbergt hat.*

Besser dokumentiert sind die vier großen Gladiatorenkasernen, die Domitian in der Nähe des Kolosseums, in Rom erbauen ließ. Tatsächlich war das Kolosseum der Mittelpunkt eines weitläufigen Quartiers von Gebäuden, die im Zusammenhang mit den Spielen standen. In der Nähe des Amphitheaters erhoben sich die Castra Misenatium, *Kasernen, die Marinesoldaten aus der Flotte des Misenus beherbergten. Deren Aufgabe war es, die* velaria *(Sonnensegel), das* armamentarium *(Waffenlager),*

Die Ausbildung zum Kampf

Einmal einberufen trat der Rekrut in eine *familia gladiatora* ein, die in einer Gladiatorenschule (lat. ebenfalls mit dem Wort *ludus* bezeichnet) untergebracht war. Sie war mit Schlafzimmern *(cubicola)* für die Gladiatoren, mit einem großen Hof für die Übungen, mit Gemeinschaftsräumen und mit Magazinen für die Aufbewahrung der Waffen ausgestattet. Zur *familia* gehörten neben den Veteranen und den Rekruten die *doctores* (Ausbilder),

Gegenüberliegende Seite, oben, Plakette aus der Kaiserzeit, die Sklaven um den Hals gehängt wurde (Rom, Römisches Nationalmuseum); unten, die Gladiatorenkaserne in Pompeji von Norden gesehen.
Links, Ruinen des ludus Magnus *in Rom; im Hintergrund das Kolosseum.*
Unten, galerus *– einziger Schutz eines* retiarius *– gefunden in der Gladiatorenkaserne in Pompeji (Rom, Galleria Borghese).*

das saniarium *(Krankenhaus), das* spoliarium *(das Leichenschauhaus, in das die getöteten Gladiatoren überführt wurden) und das* summum choragicum *(das Magazin für die Requisiten) zu betreiben. Neben diesen Gebäuden befanden sich – in der heutigen Via Labicana – die vier großen* ludi, *die die Namen* Matutinus, Gallicus, Magnus *und* Dacicus *erhielten. Der* ludus Matutinus *beherbergte die* venatores *und die* bestiarii, *die bei den vormittags stattfindenden Jagden gegen Raubtiere kämpften. Der* Gallicus *war wahrscheinlich für die* murmillones *bestimmt, jene Gladiatorengattung, die ursprünglich auch als* galli *bekannt war. Der* Dacicus *hingegen erhielt seinen Beinamen vermutlich von den dakischen Gefangenen, die zu Gladiatoren verurteilt worden waren. Der* ludus Magnus *schließlich war, wie der Name schon sagt, die größte Kaserne, die für alle anderen Gladiatorengattungen vorgesehen war. Das Gebäude ist durch Ausgrabungen bekannt und die Fragmente der* Forma Urbis Romae, *einen marmornen Miniatur-Modell Roms. Es war um einen weitläufigen zentralen Hof herum angelegt, der fast vollständig von einem kleinen Amphitheater eingenommen wurde, das dem Training diente und 1200 Personen fassen konnte.*

Unten, Detail eines Mosaiks mit kämpfenden Gladiatoren in Tunika (Madrid, Archäologisches Nationalmuseum). Gegenüberliegende Seite, oben, Detail eines Mosaiks mit einer Raubtierjagd aus der Villa Konstantins in Antiochien (Paris, Louvre); unten, Detail aus einem Fresko im Dom zu Agnani mit einer Darstellung des Galenus.

meist ehemalige Gladiatoren, die sich vom aktiven Dienst zurückgezogen hatten, der *lanista* und der *medicus* (Arzt). Innerhalb der Gladiatoren gab es eine Hierarchie, die auf der Zahl der Siege basierte: An der Spitze befanden sich die *primi pali*, benannt nach dem hölzernen *palo* (Pfahl), gegen den man während der Ausbildung mit einem hölzernen Schwert kämpfte, es folgten die *secundi pali* und *terzi pali*, offenbar weniger erfahrene Gladiatoren. Die kaiserlichen Schulen, in denen die Elite der Gladiatoren ausgebildet wurde, befanden sich direkt im Besitz des Kaisers, des bedeutendsten *editores*. Sehr berühmt waren beispielsweise die *Iuliani*, Gladiatoren, die in Kasernen ausgebildet wurden, die bereits Julius Cäsar hatte errichten lassen. Besonders beeindruckend muss der kaiserliche *ludus* in Capua gewesen sein, wo im Jahre 49 v. Chr. mehr als 5 000 Gladiatoren ausgebildet wurden. Einen weiteren *ludus* von außergewöhnlichem Ansehen ließ Cäsar in Ravenna errichten. Die Bedeutung der bis zum 2. Jh. n. Chr. betriebenen Ausbildungszentren wurde allerdings durch die vier grandiosen *ludi* beeinträchtigt, die Ende des 1. Jh. n. Chr. in der Nähe des Kolosseums erbaut wurden: der *ludus Matutinus*, der für die Ausbildung der *venatores* bestimmt war, der *Dacicus*, der *Gallicus* und der *Magnus*, zu dem sogar ein Miniatur-Amphitheater gehörte.

Eine sorgfältige Ausbildung war nötig, um einen siegreichen, gefeierten Gladiatoren hervorzubringen. Damit die Kämpfe nicht in unkontrollierte Blutbäder ausarteten, wurden sie nach festen Regeln abgehalten, deren Einhaltung von Schiedsrichtern rigoros durchgesetzt wurde. Eine weitere Reglementierung brachte eine Reform, die Augustus mit größtem Eifer durchführte und die die Einteilung der Gladiatoren in Gattungen betraf. Er legte für jede Gladiatorengattung Rüstungstypen fest, die für die folgenden Jahrhunderte bindend blieben. Leider ist es trotz der Fülle von schriftlichen Überlieferungen und Inschriften nicht möglich, jeder der bekannten Gladiatorengattung einen bestimmten Rüstungstyp zuzuordnen; lediglich fünf bis sechs von mehr als 20 bekannten Typen konnten bisher mit einer bestimmten Gladiatorengattung verbunden werden.

Die Typologie der Kämpfer

Die Reform des Augustus zielte in erster Linie darauf ab, feste Bezeichnungen für die unterschiedlichen Gattungen der Gladiatoren einzuführen und deren zuvor von Mal zu Mal anders zusammengesetzte Ausrüstungen *(panoplia)* festzulegen. In republikanischer Zeit ahmten die Gladiatoren – ein Begriff, der ursprünglich einen Kämpfer mit Schwert *(gladius)* bezeichnete – mit ihrer Rüstung die Feinde Roms nach. Man unterschied zwischen den Kategorien der Samniten *(samnites)*, der Thraker *(thraeces)* und der

Wunderheiler der Gladiatoren

Galenus, der *medicus*

Galenus, einer der größten Mediziner des römischen Zeitalters, begann seine Karriere als medicus *im* ludus *in Pergamon in Kleinasien, wo er von 157 bis 161 n. Chr. tätig war. Es gab wohl kaum einen geeigneteren Ort für die Entfaltung seiner Heilkünste als eine Gladiatorenschule, und nicht ohne Genugtuung hielt er selbst fest: »Während in den früheren Jahren viele Gladiatoren starben, erlag in den Jahren, als ich dort war, kein Gladiator seinen Verletzungen.«*

Rechts, Cicero, Miniatur im Stile Taddeo Crivellis (um 1425–1479) aus einer Handschrift der Vitae parallelae *Plutarchs aus dem 15. Jh. (Cesena, Biblioteca Malatestiana).*
Unten, Helm eines thraex *aus nero-flavianischer Zeit, gefunden in der Gladiatorenkaserne in Pompeji (Neapel, Archäologisches Nationalmuseum).*

Gallier *(galli)*. Während die erste Kategorie der Samniten, deren Ausrüstung wir nicht genau kennen, durch die Reform des Augustus abgeschafft wurde, bestanden die anderen beiden Bezeichnungen fort, wenn auch mit veränderter Bedeutung. Die *thraeces* waren leicht an ihrem hohen Kamm oder *lophos* erkennbar, der häufig mit einem Greifenkopf verziert war. Die Rüstung war auf das Notwendigste reduziert, also darauf, die leicht verwundbaren Partien zu schützen (und somit eine gewisse Dauer des Kampfes zu gewährleisten), ohne jedoch die Bewegungsfreiheit einzuschränken, da sonst der Kampf jener Geschicklichkeit beraubt worden wäre, die beim Publikum so beliebt war. Neben dem Helm, der zur Kaiserzeit mit einem Visier versehen wurde, schützte sich der *thraex* mit einer *manica* am rechten Arm (einem schmalen Verband aus Stoff und Leder zur Abwehr der Schläge), einem kleinen rechteckigen Schild *(parmula)* und Beinschienen *(ocreae)*. Seine Angriffswaffe war ein kurzes gebogenes Schwert, die sog. *sica*. Den *thraeces* ziemlich ähnlich – was häufig zu Verwechselungen führte – waren die *hoplomachi*, die Gattung der

schwer bewaffneten Gladiatoren. Ihre Charakteristika waren der Helm ohne Greifenkopf auf dem *lophos*, der Gebrauch eines kleinen runden Schildes und der Einsatz von Lanze und kurzem Schwert als Angriffswaffen. Diese beiden Gattungen waren typische Gegner des *murmillo*, auch wenn es nicht an Zeugnissen dafür fehlt, dass es auch Kämpfe zwischen *thraeces* und *hoplomachi* gab. Die *murmillones*, deren Name wohl vom griechischen Wort *myrmoros* (Fisch) herzuleiten ist, sind nichts anderes als die *galli* aus republikanischer Zeit. Die Namensänderung dürfte auf Augustus zurückgehen. Ihre Ausrüstung bestand aus einem Visierhelm mit breiter Krempe, einem großen rechteckigen Schild, ähnlich dem von Legionären verwendeten *scutum*, und einer *manica* am rechten Arm. Auch die Angriffswaffe, das *gladium*, ein kurzes Schwert von ungefähr 40 cm Länge, erinnert an die Ausrüstung der schweren Infanterie. Unverwechselbar war hingegen der *retiarius*, ein Gladiatorentypus, der in der Kaiserzeit neu eingeführt wurde. Seine Ausrüstung sah lediglich einen bronzenen Schutzschirm *(galerus)* auf der linken Schulter vor, der dazu diente, den Hals zu schützen, und eine *manica*, die er jedoch am linken Arm trug. Die charakteristischen Waffen des *retiarius* waren ein Netz von ungefähr 3 m Durchmesser und ein Dreizack (*fuscina* oder *tridens*). Das Äußere dieses Gladiators erinnerte stark an einen Fischer,

Unten, Messergriff aus Knochen mit der Darstellung eines Kampfes zwischen einem secutor *und einem* retiarius *(Avenches, Römisches Museum).*

Unten, Bronze-Schild (parmula) *und Helm eines* secutor *gefunden in der Gladiatorenkaserne in Pompeji (Neapel, Archäologisches Nationalmuseum).*

und ähnlich war auch die Kampftechnik: Der Netzwurf, mit dem sein üblicher Gegner, der *secutor*, eingefangen werden musste. Misslang dies, so musste der *retiarius* ganz auf seinen Dreizack und vor allem auf seine größere Beweglichkeit vertrauen, die er durch den Verzicht auf jegliche schwere Rüstung und auf einen Schild besaß.

Die Gattung der *retiarii* kämpfte gegen die schwer bewaffneten *secutores* oder gegen die *murmillones* in Spielen wie dem *pons* (Brücke), in dem ein einzelner auf einer erhöhten Plattform stehender *retiarius* die Angriffe von zwei Gegnern gleichzeitig abwehren musste.

Die *secutores* bzw. *contraretiari* oder *provocatores*, waren nichts anderes als eine Weiterentwicklung der *murmillones*: Wie die *murmillones* mit *scutum* und *gladium* ausgerüstet, waren die *secutores* lediglich an ihrer abgerundeten eiförmigen Helmform ohne Kamm erkennbar, die dem Netz ihres Gegners kaum Angriffsstellen bot. Wenn er erfolgreich dem Netz des Gegners entkommen war, bestand das Hauptziel des *secutors* darin, den *retiarius* mithilfe seiner schweren Rüstung, die ihn gut vor den Hieben des Dreizacks schützte, zu erdrücken.

Die *equites* oder Reiter kämpften ausschließlich untereinander und eröffneten traditionell die Gladiatorenspiele.

Sie griffen sich zunächst mit Lanzen an. Wie in mittelalterlichen Turnieren wurde der Kampf dann zu ebener Erde fortgesetzt. Meist ist es diese Phase des Duells, die auf Monumenten dargestellt ist.

Die *equites* zeichneten sich durch eine lange Tunika aus, die mit seitlichen Bändern, den *clavi*, verziert war, durch einen Helm mit breiter Krempe und Schmuckfedern sowie durch ein rundes Schild von mittleren Maßen, die *parma equestris*. Als Waffen führten sie eine Lanze von etwas über 2 m Länge und ein Schwert.

Links, galerus *gefunden in der Gladiatorenkaserne in Pompeji; dies war der einzige Schutz für den* retiarius, *der ohne Helm und Schild kämpfte.*
Unten, Teil eines Konsulardiptychons aus Elfenbein vom Anfang des 5. Jh. n. Chr. mit der Darstellung von Kämpfern in einer Arena, angedeutet durch die gekrümmte Mauer im Hintergrund (Paris, Louvre).

Weitere Gladiatorengattungen

Zusätzlich zu den beschriebenen Gladiatorengattungen, über die unter den Historikern im wesentlichen Einigkeit besteht, gab es zahlreiche weitere Gattungen, deren Charakteristika jedoch schwerer zu bestimmen sind. Dies gilt etwa für die *essedarii*, die von einem *essedrum* aus kämpften, ein Begriff keltischen Ursprungs, mit dem man einen schnellen zweirädrigen Wagen bezeichnete. Wie im Falle der *equites* mussten die *essedarii* vermutlich nur einen aufsehenerregenden Einzug auf dem Wagen abhalten. Der eigentliche Kampf fand dann wohl zu ebener Erde statt. Dies würde erklären, warum es keine Darstellung von Kampfszenen mit Wagen gibt, und ließe zu, jene Gladiatoren als Kämpfertypus zu identifizieren, der mit einem ovalen Schild und

Oben, Jean-Leon Gérome (1824–1904), Retiarius, *1869.*
Unten, Mosaikfußboden aus dem 1. Jh. n. Chr. mit der Darstellung zweier Tigerbändiger (Rom, Römisches Nationalmuseum).

einem Helm ohne Krempe ausgestattet war. Die *cruppellarii*, eine Gladiatorengattung, die insbesondere im gallischen Raum verbreitet war, dürften hingegen mit schwerer Rüstung ausgestattet gewesen sein. Tacitus berichtet, dass diese Gladiatoren den gallischen Aufstand des Sacrovir 21 n. Chr. unterstützten, dass jedoch die Römer keine Schwierigkeiten hatten, sie zu schlagen, da sie, wenn sie erst einmal zu Boden gestürzt waren, wegen des Gewichts ihrer Rüstung nicht in der Lage waren, wieder aufzustehen (*Annalen* III, 40–41).

Ein in Florenz konserviertes Relief deutet als einzige Quelle auf einen weiteren Gladiatorentypus hin, jenen der *sagittarii*, der Bogenschützen. Über die *laquearii* ist nur zu mutmaßen, dass diese anstelle eines Netzes ein Lasso *(laqueus)* nutzten, um den Gegner unbeweglich zu fangen, und über die Gattung der *velites*, die vermutlich die leichte Ausrüstung der *velites* im Militär trugen, ist wenig mehr bekannt als ihr Name. Harmlos war das Spiel der *paegniarii*, meist ältere Menschen mit körperlichen Gebrechen, die mit fingierten Waffen Gladiatorenkämpfe nachahmten, um das Publikum während der Pausen zu amüsieren. Bei dieser Gelegenheit sah man auch die *andabatae*, zu Tode Verurteilte, die sich mit verbundenen Augen und ohne Verteidigungswaffen bekämpften.

Die Zuschauer schienen allerdings nicht besonders viel Wert auf die Differenzierung zwischen den einzelnen Kämpfergattungen zu legen. Die Fangemeinde des Publikums teilte sich lediglich in die Befürworter der mit langem Schild bewaffneten Gladiatoren oder *scutularii* (also *murmillones*, *secutores* und *samnites*) und solche, die die *parmularii* favorisierten, die sich mit kleinen runden oder quadratischen Schilden verteidigten (*thraeces* und *hoplomachi*). Die Gegenüberstellung dieser beiden Fraktionen war sprichwörtlich, und auch die Kaiser ergriffen Partei: Man weiß, dass Caligula und Titus begeisterte *parmularii* waren, während Domitian, überzeugter *scutularius*, einen *parmularius* vor die Hunde werfen ließ, der die Anhänger der *scutularii* geschmäht hatte.

Oben, J.-L. Gérome, Murmillo, *1869.*

Die *venatores* und die Raubtiere

Zur gleichen Zeit, in der das Erscheinungsbild des professionellen Gladiators definierte Formen annahm, verfestigten sich auch die Charakteristika der *venatores*, der Jäger, und der *bestiarii*, die die wilden Tiere lediglich provozieren sollten. Ihre Ausbildung fand ebenfalls in den Gladiatorenschulen statt, wo sie unter der Leitung von Experten alle notwendigen Tricks für das Spiel in der Arena erlernten. In Abbildungen aus der Mitte des 1. Jh. v. Chr. unterscheidet sich

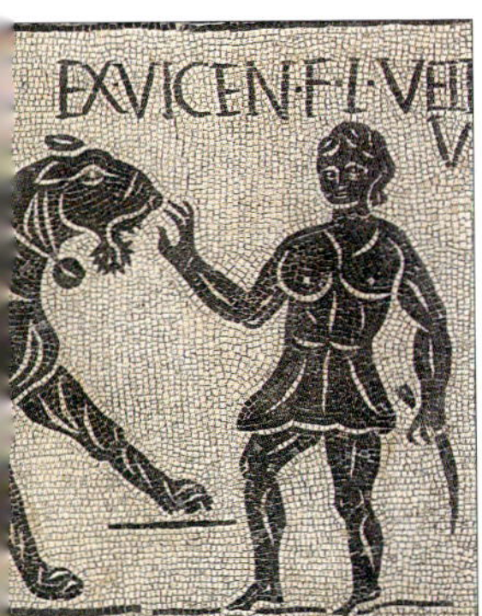

Unten, Reiterstatue Mark Aurels; der römische Kaiser zögerte nicht, das römische Heer durch die Einberufung von Gladiatoren zu verstärken.
Unten, Schwert eines Legionärs.

die Bewaffnung der Jäger nicht sehr von den Gladiatoren: Sie besteht aus Helmen, Beinschienen und Schwertern. In den folgenden Jahrzehnten wurde diese schwere Ausrüstung, die offensichtlich nicht genügend Spannung bei der Konfrontation von Mensch und Raubtier bot, erheblich reduziert. Die *venatores* trafen auf die Raubtiere nun nur noch mit einer langen Tunika bekleidet, mit kurzen

Profis im Kämpfen

Gladiatoren im Krieg

Den Athleten der Arena wurde nicht nur großer Mut und übermenschliche Disziplin zugeschrieben, sondern auch eine beispiellose Meisterschaft im Umgang mit Waffen. So überrascht es nicht, dass das römische Heer zuweilen von den Profis Gebrauch machte: Im Jahre 105 v. Chr. verlangte der Konsul Publius Rutilius beispielsweise von den doctores *des* ludus *in Capua, seinen Soldaten das Fechten beizubringen (Valerius Maximus,* Factorum et Dictorum memorabilia *II, 3, 2).*

Vitellius rief im Jahre 69 n. Chr. eine Schar von Gladiatoren (»manu gladiatorum«, Svetonius, Vitellius, *XV) zusammen, um den Heeren Vespasians Widerstand zu leisten.*

*Auch der Vorgänger des Vitellius, Otto, hatte in das »glorreiche römische Heer tatsächlich 2000 Gladiatoren« einberufen, wie Tacitus mit Missmut berichtet (*Historiae *II, 11). Und noch Mark Aurel zögerte Ende des 2. Jh. n. Chr. nicht, die Reihen des in den Kriegen gegen die Quaden und die Markomannen stark dezimierten Heeres mit Gladiatoren zu füllen (*Historia Augusta, *Mark Aurel, 21). Andererseits suchten auch Soldaten im Vertrauen auf die im Krieg gewonnenen Erfahrungen in Kämpfen Ruhm und Reichtum im Staub der Arena. Dies war anscheinend so verbreitet, dass ein im Jahre 357 n. Chr. erlassenes Gesetz (Codex Theodosianus XV, 12, 2) den* lanisti *untersagte, Soldaten unter Vertrag zu nehmen, da man fürchtete, dass sich die Reihen der Legionen leeren würden.*

Schutzwickeln um die Fußgelenke *(fasciae crurales)* und mit einer Lanze *(venabulum)* bewaffnet. Die *venatio* war anscheinend ähnlich wie der *munus* nach strengen Regeln organisiert: Wenn der Jäger sich nicht in der Lage fühlte weiterzukämpfen, konnte er verlangen, aus der Arena entfernt zu werden. Wurde diese Gnade jedoch verweigert, musste er gegen das nächste Tier kämpfen. Mit erstaunlicher Gleichberechtigung konnte die Gnade auch dem Tier gewährt werden. Dies war etwa bei einem berühmten Löwen der Fall, der ironischerweise *Innocentia* hieß: Er verließ die Arena mehrfach als Sieger.

Oben, Tonstatuette eines hoplomachus *gefunden in der römischen Nekropole Tarantus; in der Hand den typischen* gladius *mit kurzer, gerader Klinge, der separat aus Metall gefertigt und eingefügt wurde (Taranto, Archäologisches Nationalmuseum).*
Unten, Terrakotta mit der Darstellung eines venators *mit Löwen. Bemerkenswert ist die Anwesenheit des Publikums, symbolisch dargestellt durch zwei Figuren oberhalb eines Säulengangs (Rom, Römisches Nationalmuseum).*

Ein neuer Gebäudetyp: das Amphitheater

- Die Ursprünge des Amphitheaters
- Die *munera* und die Bedenken der Autoritäten
- Die erste Arena in Rom

- Die Errichtung des Kolosseums
- Ein spektakuläres Gebäude
- Im Zentrum des Quartiers der Spiele

Die Gladiatorenspiele waren eine völlig neue Art der Unterhaltung. Um optimale Bedingungen für die Zuschauer der munera *zu schaffen, entstand ein eigener Gebäudetyp, der ohne Vorbilder war: das Amphitheater, d.h. das doppelte Theater. Die Bezeichnung Amphitheater für die gewaltigen Gebäude, die zum Symbol für die römische Zivilisation wurden, kam vermutlich erst um die Mitte des 1. Jh. v. Chr. auf und konnte sich im Lauf des Jahrhunderts durchsetzen. In älteren Inschriften und schriftlichen Quellen werden die Gebäude noch als* spectacula *bezeichnet, als Orte, an denen man schaut.*

Der Gebrauch des Wortes *spectacula*, der seit Beginn des 1. Jh. v. Chr. belegt ist – also seit jener Zeit, in der die ersten Amphitheater in Kampanien entstanden –, charakterisiert die neue architektonische Erfindung am besten: Denn anders als bei den Theateraufführungen, bei denen neben der Beobachtung des Bühnengeschehens und der Mimik der Schauspieler das Hören eine fundamentale Rolle für das Verständnis der Handlung spielte, waren die Gladiatorenspiele rein visuelle Vorführungen. Nur die spannendsten Momente der Kämpfe wurden durch den schmetternden Klang von Trompeten oder mit Orgelspiel begleitet. Der neue Gebäudetyp musste also vor allem dem Anspruch genügen, der größtmöglichen Zahl von Personen die beste Sicht auf die Kämpfe zu garantieren. Dies wurde durch einen elliptischen Grundriss erreicht, der – im Gegensatz

Oben, Maarten van Heemskerk (1498–1574), Arena antica *(Lille, Palais des Beaux-Arts).*
Unten, Elfenbeinstatuette eines thrakischen Gladiators (Paris, Louvre).

Oben, Ruinen des antiken Teanum; die Stadt entstand an einer wichtigen strategischen Lage entlang der Verbindungsstraße, die von den Römern zur Via Latina ausgebaut wurde; rechts: Statue eines Gladiators mit dem Gott Priamus aus Pompeji.
Unten, Außenansicht des Amphitheaters in Pompeji, errichtet 80 n. Chr.

zu einem Rechteck – keine toten Winkel aufweist. Zugleich bot der elliptische Grundriss der Arena mehr Raum für die Spiele und ihre Manöver als ein runder Grundriss.

Die Ursprünge des Amphitheaters

Überlegungen praktischer Art führten also in erster Linie zu einem neuen Gebäudetyp für die Spiele, der wohl nicht zufällig am gleichen Ort entstand, an dem auch die Gladiatorenspiele aufkamen: in Kampanien. Dort finden sich tatsächlich die ältesten bekannten Amphitheater (Capua, Liternum, Cumae) und dort wurden auch neue und kühne Erfindungen der Ingenieurskunst erprobt, die dazu beitrugen, den *spectacula* eine monumentale Gestalt und Größe zu verleihen: In Kampanien wurde zum ersten Mal eine *cavea* (Zuschauerraum) vollständig aus radialen Stützmauern konstruiert, die Gewölbe trugen, auf denen Sitzreihen auflagen. Diese Bauweise, die schon in einem der ältesten Beispiele, im Theater von Teano (2. Hälfte 2. Jh. v. Chr.), bezeugt ist, ermöglichte es, Gebäude zu errichten, deren Zuschauerränge sich nicht auf natürlichen Hängen befin-

den mussten. Zugleich erhielten die Gebäude monumentale Fassaden mit übereinander gestaffelten Arkaden, die den städtischen Kulissen ein würdevolles Element hinzufügten.

Das Amphitheater in Pompeji, das älteste vollständig erhaltene Beispiel, zeigt nur eine eingeschränkte Anwendung dieser architektonischen Gestaltungsmöglichkeit, denn die Arena und der untere Teil der *cavea* sind in eine eigens ausgehobene Senke eingelassen. Nur die oberen Sitzreihen ruhen auf einem Erdwall, der von einer Stützmauer umgeben ist, so dass sich ein Umgang mit Blindarkaden ergibt. Das zwischen 70 und 65 v.Chr. von den Duumvirn Quinctius Valgus und Marcus Porcius errichtete Gebäude zeigt jedoch bereits den ellipsenförmigen Grundriss und die übliche Einteilung des Zuschauerraums: Wie die Theater war die *cavea* in Ränge unterteilt. Diese entsprachen einer strengen sozialen Trennung der Zuschauer, die unter Augustus gesetzlich verankert wurde. Die *ima cavea*, die der Arena am nächsten gelegenen untersten Sitzplätze, war den Vornehmen vorbehalten, den Mitgliedern der alten aristokratischen Familien, den bedeutenden Gästen, die auf den

Unten, antike Kamee mit Brustbild des Kaisers Augustus, später eingefügt in das sogenannte Lotharkreuz (Aachen, Schatzkammer des Domes).

Rechts, Innenansicht des Amphitheaters in Pompeji; im Hintergrund der Vesuv. Unten, unvollendete Statue der Diana aus dem 1.–2. Jh. n. Chr., gefunden in Geoagiu in Rumänien (Deva, Muzeul Civilizatiei Dacice si Romane).

breiteren Stufen bewegliche Sitze *(subsellia)* anbringen ließen. Eine hohe Brüstung *(balteus)*, die in Pompeji vollständig erhalten ist, trennte den unteren Bereich vom Rest der *cavea* ab, wo sich das Volk drängte. Der obere Bereich war wiederum in zwei Ränge gegliedert, die *media cavea* und die *summa cavea*. Vertikal waren die Ränge in Sektoren gegliedert, die jeweils durch einen Eingang *(vomitorium)* zugänglich waren. In Pompeji kann man auch die typischen Balkone sehen, die für den *munerarius* oder die bedeutendsten Zuschauer reserviert waren. Diese Balkone *(podia)* waren gewöhnlich in der kurzen Achse der Arena angebracht; in Pompeji etwa befand sich das *podium* an der Südseite, in Richtung der Stadt. Das pompejanische Amphitheater verfügte nicht über unterirdische Gänge, war

jedoch mit einem *scaellum*, einer kleinen Kapelle, ausgestattet, die sich in den engen, dunklen Unterbauten des Gebäudes befand. Bevor sie in die Arena stiegen, beteten die Gladiatoren und die *venatores* hier zu den Göttern, meist zu einer der Göttinnen des Schicksals: Nemesis oder Diana.

Die *munera* und die Bedenken der Autoritäten

Es erscheint paradox, dass in Kampanien bereits im 1.Jh.v.Chr. gemauerte Amphitheater existierten, während man in Rom, wo die Gladiatorenkunst gleichermaßen Zehntausende Personen anzog, die Spiele weiterhin im Forum Romanum und auf anderen Plätzen der Stadt abhielt. Diese Situation erklärt sich jedoch leicht, wenn man die beharrliche Opposition des Senats und der aristokratischen Oligarchie gegen die *munera* bedenkt: Unter dem Vorwand der moralischen Verurteilung der Gladiatorenspiele wollte man die Entstehung von Massenversammlungsorten und Brennpunkten der Agitation und der Anzettelung von Revolten verhindern. Die Ächtung, die zwei Jahrhunderte jede Art von dauerhaftem Amphitheater in Rom undenkbar machte, traf auch die Theater. Der erste Versuch von P. Cornelius Nasica 154 v.Chr. ein

Unten, Aquarell eines heute verlorenen Freskos von Fausto Niccolini, das sich am Podium des Amphitheaters in Pompeji befand (Neapel, Archäologisches Nationalmuseum).

Rechts, Porträt Plinius' d. Ä.
Unten, Vincenzo Camuccini (1771–1844), Pompejus wird vom Senat ermahnt *(Rom, Sammlung Lavinia Taverna).*
Gegenüberliegende Seite, oben, Abguss eines Reliefs vom Ende des 1. Jh. v. Chr. aus der Villa Torlonia in Rom mit der Darstellung von drei venatores, *die gegen einen Löwen, einen Panter und einen Bären kämpfen (Rom, Museo della Civiltà Romana); unten, Mosaik mit der Darstellung eines Kampfes zwischen* bestiarii *und Bären.*

festes Theater zu errichten schlug wegen der standhaften Ablehnung des Senats fehl, der die Errichtung eines Theaters für »inopportun und gegen das öffentliche Interesse« gerichtet hielt (Livius, *Epitome*, 48). Diese Haltung verhinderte allerdings nicht, dass Theaterbauten aus Holz entstanden, von denen einige sehr berühmt wurden, wie etwa das 58 v. Chr. von Marcus Emilius Scaurus errichtete Theater. Scaurus verwandte für die Gestaltung des Gebäudes Gold, Glas und Edelhölzer und schmückte die Bühne mit zwei kostbaren Säulen aus afrikanischem Marmor. Das Ergebnis war so beeindruckend, dass Plinius d. Ä. das Gebäude als das großartigste Werk bezeichnete, das jemals von Menschen geschaffen wurde.

Mit enormer Verspätung schmückte sich Rom erst dank Pompeius Magnus mit einem gemauerten Theater. Pompeius gelang es aufgrund des immensen Prestiges, das er sich durch seine Feldzüge im Osten erworben hatte, jede

Beschrieben bei Plinius d. Ä.

Die *munera* des Pompeius Magnus

Aus Anlass der Eröffnung des von ihm finanzierten Theaters stiftete Pompeius dem Volk Spiele, die so berühmt wurden, dass Plinius d. Ä. sie noch mehr als ein Jahrhundert später in seinem enyklopädischen Werk Naturalis Historia *(8, 7, 20–21) akkurat beschrieb. Allein in den ersten vier Tagen wurden 400 Panther getötet und dem Publikum Tiere vorgeführt, die nie zuvor in Italien zu sehen gewesen waren: ein Luchs, Affen aus Äthiopien und ein Rhinozeros. Jäger aus den Herkunftsländern der exotischen Tiere führten die Hetzjagden aus und zeigten den Römern dabei, wie man die unbekannten Raubtiere fangen und töten könne. In einer dieser Jagden griff ein Tier trotz durchbohrter Füße seine Jäger aus dem Stamm der Gätuler aus dem südlichen Numidien an und*

warf sie, nachdem es ihnen die Schwerter entrissen hatte, in die Luft. Als die Schwerter auf den Boden zurückfielen und dabei einen fast perfekten Kreis formten, staunte das Publikum und brach in Gelächter über die Jäger aus. Eine Jagd auf Elefanten löste hingegen Angst und Irritation bei den Zuschauern aus: Nachdem einer der Dickhäuter mit einem einzigen Pfeilschuss ins Auge getötet worden war, versuchten die anderen Tiere verängstigt zu fliehen und stürzten dabei beinahe die Abgrenzungen der Arena um. Die Gefahr war so groß, dass Caesar aus Anlass einer ähnlichen Jagd die Arena von einem Wassergraben umgeben ließ, um die Zuschauer besser zu schützen. Die Jagd auf die Elefanten während der Spiele des Pompeius endete überraschend: Die Tiere fingen, nachdem sie verstanden hatten, dass es keine Fluchtmöglichkeit gibt, mit einer fast menschlichen Stimme zu klagen an, knieten sich schließlich sogar hin, um die Gnade des Publikum zu erflehen. Die Zuschauer waren so bewegt – ergänzt Plinius –, dass sie schließlich den armen Pompeius verfluchten, anstatt ihn für seine Freigebigkeit zu feiern.

Rechts, Theater des Pompejus auf Fragmenten der Forma Urbis *(Rom, Antiquarium Comunale). Unten, Statue einer sitzenden Muse aus dem Theater des Pompejus (Rom, Kapitolinische Museen).*

Gegenwehr zu überwinden und im Herzen des Marsfeldes eines der schönsten Theater der Stadt errichten zu lassen. Die *cavea* des 55 v.Chr. eingeweihten Theaters ruhte auf drei Arkadenreihen und wurde am oberen Rand von einem Venus-Tempel bekrönt, vermutlich um die Realisierung des Gebäudes als Podium für den Tempel der Göttin zu rechtfertigen. Der Errichtung des Pompeius-Theaters folgten weitere Initiativen, die bald dazu führten, dass Rom mit weiteren Theatern geschmückt wurde (Balbus-Theater, Marcellus-Theater), aber noch immer entstand kein Amphitheater. Ähnlich wie im Fall des von Scaurus errichteten Holztheaters war es wieder ein großzügiger privater Geldgeber, Gaius Scribonius Curio, der, um sich die Gunst des Volkes zu sichern, im Jahr 51 v.Chr. ein außergewöhnliches Gebäude für Schauspiele aus Holz errichten ließ. Es bestand aus zwei Theatern auf einem beweglichen Podest, die sich zu einem zusammenfügen ließen, und es liegt nahe zu vermuten, dass der Begriff Amphitheater daher stammt. In dem Gebäude war es möglich, wie Plinius d.Ä. staunend erzählt (*Naturalis Historia* 36,117),

morgens Theateraufführungen und nachmittags Gladiatorenspiele zu erleben, ohne sich vom Platz zu erheben. Trotz dieser erfindungsreichen Lösungen blieb der bevorzugte Ort für Jagden und *munera* in Rom das Forum Romanum, das alle Nachteile eines rechteckigen Platzes aufwies, wie z.B. keine optimale Sicht für alle und nur eine geringe Anzahl von Sitzplätzen – vermutlich nicht mehr als 8000. Caesar ließ den Platz mit unterirdischen

Unten, Marcellus-Theater in Rom.

Gängen ausstatten, die einen besseren Ablauf der Spiele ermöglichten. Berühmt ist das *velarium*, ein immenses Segel, das über den gesamten Platz gespannt wurde, um die Zuschauer vor der Sonne zu schützen. Das Spannen des Segels war ein Schauspiel, das, um Plinius' zu zitieren, »bewundernswerter als die Gladiatorenspiele selbst« war (*Naturalis Historia* 19,6,23). Auch Caesars Nachfolger Augustus bemerkte nicht, wie stark die Begeisterung des Volkes für die *munera* bereits war und zog es vor, die Stadt mit einem weiteren Theater, dem Marcellus-Theater, auszustatten, obwohl das Interesse des Publikums für diese Art der Unterhaltung zu seiner Zeit bereits deutlich nachließ.

Rechts, Goldmünze aus dem 1. Jh. n. Chr. mit dem Profil des Kaisers Tiberius, geprägt in Lyon (Padua, Museo Bottacin). Unten, links, Amphitheater in Pula in Kroatien; rechts, Amphitheater in Lyon in Frankreich.

Die erste Arena in Rom

Nur dank der Initiative der Privatperson Statilius Taurus, den Sueton »unendlich reich« nennt (*Augustus* 29), wurde in Rom schließlich das erste dauerhafte Amphitheater errichtet. Cassius Dio spricht in seiner Beschreibung des 29 v. Chr. eingeweihten Gebäudes (51,23,1), das er als »teatro cinegetico« (Theater der Jagdkunst) nennt, explizit von einer Konstruktion aus Stein. Die vollständige Zerstörung des Gebäudes beim Brand 64 n. Chr. legt allerdings den Gedanken nahe, dass es sich auch bei diesem Theater zumindest teilweise um einen Holzbau handelte. Es war jedenfalls ein bescheidener

Neue und adaptierte Gebäude für die *munera*

Amphitheater im römischen Reich

Die 186 Amphitheater, die bis heute im Territorium des gesamten römischen Reiches gezählt wurden, sind ein deutliches Zeichen für den Erfolg und die Beliebtheit der munera *in der ganzen römischen Welt. Dass die eigentlichen Amphitheater im östlichen Teil des Reiches seltener waren als im Westen, lag sicherlich nicht an einem geringeren Interesse des hellenisierten Publikums für diese Art der Spiele. In Antiochia wurde schon 180 v. Chr. eine Gladiatorenschule gestiftet, was bestätigt, dass sich die Begeisterung für die Spiele früh nach Osten verbreitete, wo sie – den schriftlichen Quellen nach – mit der Zeit immer mehr zunahm. Der einzige Unterschied im Vergleich zu Italien und den westlichen Provinzen war, dass man in den östlichen Gebieten eher bereits existierende öffentliche Gebäude (Theater, Stadien) für die Gladiatorenkämpfe herrichtete, als neue zu bauen.*
Auch in Gallien wurde der klassische Typus des Amphitheaters oft durch

Bau, der vermutlich auf dem Marsfeld lag, und die Tatsache, dass weder Augustus noch einer seiner Nachfolger ihn jemals bei offiziellen Anlässen genutzt haben, lässt vermuten, dass das Gebäude nicht viele Zuschauer aufnehmen konnte und wenig repräsentativ war. Der aufwendige *munus*, den Augustus zu Ehren seines Schwiegersohnes Agrippa 7 v.Chr. stiftete, fand jedenfalls auf dem riesigen Platz der *Saepta Iulia* statt, auf dem sich ursprünglich das Volk während der Wahlen versammelte. Und anlässlich der Einweihung des Augustusforums 2 v.Chr. ließ der Kaiser ein Becken von einem eigens errichteten Aquädukt speisen, in dem sich in einer riesigen

Oben, kaiserzeitliches Mosaik mit zwei Rennpferden, gefunden in Sousse in Tunesien (Sousse, Museum). Unten, Amphitheater in Italica in Spanien; erkennbar sind die Räume unter der Arena.

eine Konstruktion ersetzt, die als »Theater-Amphitheater« definiert werden kann, weil sie eine cavea *besaß, die den Halbkreis überschritt, jedoch nicht zum Kreis geschlossen war. Unter diesen Gebäuden, von denen über 90 Beispiele bekannt sind, finden sich neben einigen mit runden Arenen, die dem klassischen Theater ähnlich waren, andere, die in Analogie mit dem Amphitheater elliptische Arenen besaßen. Da nur wenige*

dieser Theater archäologisch belegt sind, kann man diese einzigartigen Bauten nur schwer erklären. Vermutlich wurden die Gebäude vielfältig genutzt, sowohl für munera *als auch für Theateraufführungen. Die Amphitheater, die – größtenteils im 1. und 2. Jh. n. Chr. – im übrigen Reich errichtet wurden, entsprachen hingegen im Aufriss und ihrer inneren Organisation dem klassischen Kanon. Grundsätzliche Unterschiede gab es vor allem in der Anlage der* caveae *(Zuschauertribünen) und in der Größe der Gebäude. Alles in allem sind die Amphitheater eines der überzeugendsten Zeugnisse der Romanisierung und der Verbundenheit der lokalen Bevölkerung mit dem römischen Reich.*

Rechts, Tiberius im Gewand des Imperators, Statue aus dem 1. Jh. n. Chr. (Rom, Vatikanische Museen).
Unten, Aniello Falcone (1600–1650), Die Gladiatoren *(Madrid, Prado).*

naumachia (aus dem griech. von naumakhía, »Seeschlacht«) zwei Flotten mit 30 Schiffen bekämpften und die Seeschlacht bei Salamis nachstellten (Cassius Dio 55,7).

Tiberius (15–37), Nachfolger des Augustus, zeigte absolutes Desinteresse an den *munera* und den *venationes*. Mangels großer, vom Staat finanzierter Spiele gingen die vergnügungssüchtigen Römer deswegen in die nahe gelegenen Städte, wo die lokalen Magistrate Spiele finanzierten. Der außergewöhnliche und unerwartete Zustrom von Publikum hatte jedoch zuweilen tragische Konsequenzen: Tacitus (*Annales* 4, 62–64) berichtet über eine Tragödie, die sich 27 n. Chr. in Fidene ereignete, einem Ort, der sich heute an der Peripherie Roms befindet. Ein Adeliger hatte dort ein Amphitheater für Gladiatorenspiele aus Holz errichten lassen. Der Zustrom von Menschen aus der Hauptstadt war jedoch dermaßen groß, dass der offenbar billig zusammengezimmerte Bau einstürzte und mehr als 50 000 Tote und Verletzte verursachte. Auch wenn diese Zahl, die uns Tacitus überliefert, gewiss übertrieben ist (Sueton spricht von 20 000 Opfern), handelte es sich doch um ein katastrophales Unglück. Es veranlasste jedenfalls den Senat dazu, ein Gesetz zu erlassen, das ein Kapital von mindestens

400 000 Sesterzen für die Stiftung von Spielen vorschrieb und die Veranstalter dazu verpflichtete, Amphitheater nur auf nachgewiesenermaßen festem Boden zu errichten.
In der kurzen Regierungszeit Caligulas (37– 41) kehrten die Spiele nach Rom zurück. Caligula war selbst begeisterter

Unten, Detail eines Mosaiks aus Zliten in der Nähe von Leptis Magna in Lybien mit der Darstellung eines Orchesters, wie es bei Gladiatorenspielen üblich war.

Zahlreich und vielseitig

Das Hilfspersonal in der Arena

Ein komplexes Netz von Hilfsbauten, die mit den verschiedenen Funktionen des Kolosseums in Zusammenhang standen, verweist auf die – wenig bekannte, aber wichtige – Rolle des umfangreichen Hilfspersonals, das die Durchführung der Spiele erst möglich machte. Die Grabinschriften erwähnen unter dem »Servicepersonal« der römischen Spiele nicht nur Ärzte und Waffenmeister, sondern auch Archivare, Boten, Türhüter und Tierpfleger. Andere waren darauf spezialisiert, die Athleten in Form zu halten und ihnen vor dem Kampf in die Rüstungen zu helfen: Dies war die Aufgabe der unctores *(Masseure), der* manicarii *und der* praepositi a veste gladiatori *(Zuständige für die Bewaffnung und die Kleidung der Kämpfer). Dringend erforderlich war auch die Anwesenheit eines Orchesters, das mit schmetternden Klängen die spannendsten Momente des Kampfes hervorhob. Musiker an der Trompete* (tuba) *und am Horn* (cornu) *bildeten die Basis des Orchesters, das, zumindest unter Nero, zuweilen durch eine hydraulische Orgel ergänzt wurde. Diese konnte, wie aus Abbildungen bekannt ist, auch von Frauen gespielt werden.*

Unten, Luftbild des Amphitheaters in Capua.

Anhänger der Gladiatorenkämpfe, und es ist kein Zufall, dass gerade er, der zum Vergnügen Adelige, Kavaliere und Familienmänner in der Arena kämpfen ließ, als Erster versuchte, ein großes Amphitheater in der Stadt – nahe der *Saepta Iulia* – zu errichten. Sueton berichtet (*Caligula* 21), dass für den Bau des Amphitheaters »zahlreiche große Gebäude niedergerissen wurden«. Das Theater wurde weder unter Caligula noch unter dessen Nachfolgern vollendet. Auch Claudius (41–54) besaß eine Leidenschaft für die Gladiatorenspiele und förderte Jagden und Kämpfe, von denen einige im Zirkus am Vatikan abgehalten wurden

(Sueton, *Claudius* 21). Spektakulärstes Schauspiel seiner Regierungszeit war die große *naumachia*, die er aus Anlass der Entwässerungsarbeiten am Lago del Fucino 52 n.Chr. ausrichten ließ. Dabei kämpften mehr als 19 000 zum Tode Verurteilte, aufgeteilt in zwei Flotten, hauptsächlich in Drei- und Vierruderern. Der Zusammenstoß, der eine Schlacht zwischen Rhodeern und Syrakusanern nachstellte, wurde von unzähligen Zuschauern verfolgt, die dabei gewissermaßen, wie Tacitus erinnert (*Annales* 12, 16–17), »ein großes Theater« bildeten.

Die Errichtung des Kolosseums

Trotz der manchmal ehrgeizigen kaiserlichen Initiativen hatte Rom noch in der Mitte des 1. Jh. n. Chr. keinen angemessenen Ort für die *munera*. Dass das Amphitheater des Statilius Taurus ungenügend war, wird dadurch bestätigt, dass Nero (54–68) ein zweites Gebäude errichten ließ, das ebenfalls auf dem Marsfeld lag. Es handelte sich jedoch noch immer um eine Holzkonstruktion, die in einem einzigen Jahr, 57 n. Chr.,

Links, Porträt Neros; der Kopf wurde 1869 bei Ausgrabungen auf dem Palatin gefunden (Rom, Museo Palatino). Unten, Stich mit Darstellung einer Naumachie.

»Ave Caesar, morturi te salutant«

Ein Gruß, der in die Geschichte einging

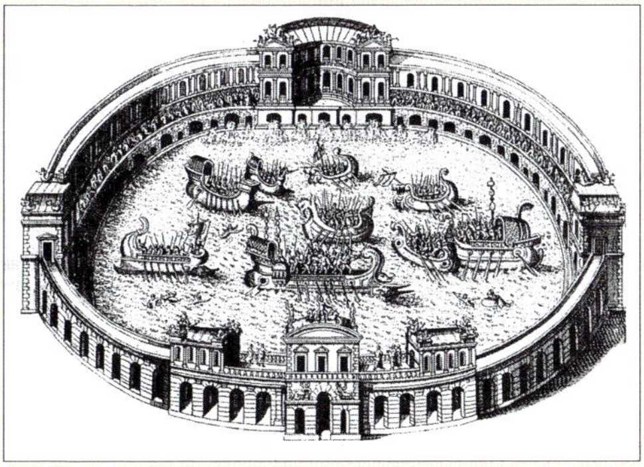

Einer der größten Irrtümer, die mit der Welt der Gladiatoren verbunden sind, betrifft die rituelle Phrase »Ave Caesar, morituri te salutant« (»Sei gegrüßt, Caesar, die Todgeweihten grüßen dich«), die in jeder literarischen oder filmischen Beschäftigung mit den munera *unvermeidlich zu lesen oder zu hören ist. In der Realität wurde dieser Gruß nur ein einziges Mal ausgesprochen, aus Anlass der großen* naumachia, *die Claudius im Fuciner See ausrichten ließ. Wie Sueton erinnert* (Claudius 21,13) *wandten sich die 19 000 zum Tode Verurteilten mit den berühmten Worten an den Kaiser. Als dieser lediglich »Aut non« (»Oder auch nicht!«) erwiderte, dachten die Verurteilten, sie seien begnadigt worden, und warfen voller Zuversicht die Waffen weg. Erst als das Heer einschritt und Claudius Drohungen aussprach, wurde das Spiel wieder aufgenommen und die heikle Situation löste sich, die durch das dahingeworfene Wort entstanden war.*

Das Amphitheaters Neros

Niemand beschreibt den Glanz und den Prunk des hölzernen Amphitheaters Neros besser als der Dichter Calpurnius Siculus. Er legte dem jungen Hirten Corydon die folgenden Worte in den Mund, der nach Rom gekommen war, um zum ersten Mal Gladiatorenspiele zu erleben: »Wir sahen ein Amphitheater mit sich kreuzenden Balken, die bis zum Himmel anstiegen, fast bis zum Kapitol, mit zahllosen Stufen und allmählich ansteigenden Rängen. Wir nahmen dort Platz, wo eine Volksmenge in dunkler Kleidung dem Spiel beiwohnte, auf den für Frauen reservierten Plätzen. Denn alle Plätze unter freiem Himmel füllten die Ritter oder weißgekleidete Tribunen. Wie ein Tal sich in einem weiten Kreise öffnet zwischen Wäldern, die es umschließen, und Bergen in ununterbrochenem Bogen, so schließen hier die Ränge die geschwungene Arena … hier eine Balustrade geschmückt mit Juwelen, dort ein goldener Portikus, die um die Wette erstrahlen; und dort, wo am Rand der Arena eine Mauer aus Marmor die nahen Sitze abgrenzt, erstreckt sich ein Geländer aus wundervollem Elfenbein auf Pfosten … Wie oft habe ich, erschrocken, gesehen, wie sich der Boden der Arena zweiteilt und aus dem Abgrund der Erde die wilden Tiere emporkamen.« (Calpurnius Siculus, Eclogae 7, 23ff.*)*

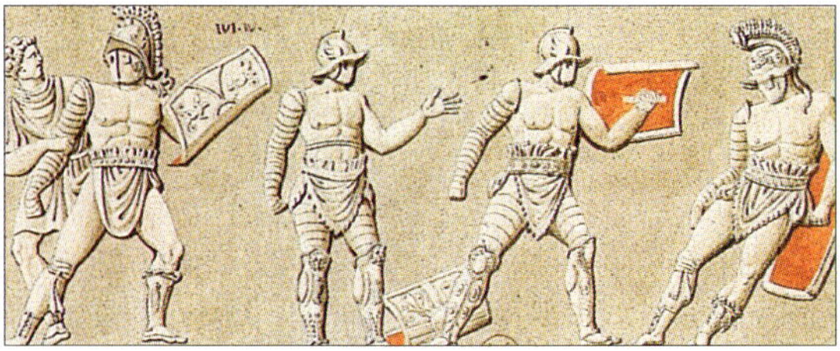

Links, Darstellung von Gladiatoren in einem Aquarell von François Mazois (1783–1826); unten: Relief mit Gladiatoren (Rom, Museo Nazionale Romano). Gegenüberliegende Seite: Henryk Siemiradzki (1843–1902), Die lebenden Fackeln des Nero *(Krakau, Muzeum Narodowe): Der Herrscher sitzt unter einem Baldachin und wohnt dem Martyrium der Christen bei, die bei lebendigem Leib verbrannt werden.*

errichtet und eingeweiht wurde und aufgrund ihres reichen dekorativen Schmucks und der Verwendung von Balken, die länger als jemals zuvor waren (mehr als 30 m), Berühmtheit erlangte. Calpurnius Siculus preist das Gebäude für die Fülle von Gold- und Elfenbeinschmuck und entwirft das Bild eines luxuriösen und beeindruckenden Theaters. Es diente jedoch nur wenige Jahre dazu, die Gier des Volkes nach Spielen zu befriedigen, denn der große Brand 64 n.Chr. zerstörte auch diesen Bau.

Es dauerte bis zur Regierungszeit Vespasians (69–79) bis schließlich ein grandioses Amphitheater aus Stein *in media urbe* errichtet wurde. Es wurde 70 n.Chr. begonnen und unter Vespasians Söhnen Titus (79–81) und Domitian (81–98) vollendet. Will man Sueton (*Vespasianus*, 9) Glauben schenken, so wurde auf ein von Augustus erdachtes Projekt zurückgegriffen. Die Wahl des Ortes für das neue Amphitheater im langen Tal zwischen Esquilin, Caelius und Palatin war alles andere als zufällig. Im Zentrum der Gärten des *domus aurea* Neros befand sich ein künstlicher See, von dem Quellen

Rechts, Computer-Rekonstruktion des Circus Maximus.
Unten, Trajansthermen in Rom.

berichten, er habe fast wie ein Meer gewirkt. Die Errichtung eines öffentlichen Amphitheaters in jenem Gebiet, das Nero dem Volk für die Errichtung seines riesigen Palastes entzogen hatte, war eine politische Geste, mit der die Wiederherstellung von Ordnung und Gesetz nach der Tyrannei Neros deutlich gemacht werden sollte. Das Kolosseum war Teil eines größeren Projektes der Wiedergutmachung. Beispielsweise wurden auf dem Gebiet auch die Titus- und die Trajans-Thermen erbaut. Zugleich bot der Standort des neuen Amphitheaters aber auch den Vorteil, dass er in unmittelbarer Nähe des Palatin lag, Sitz der kaiserlichen Macht unter den Fla-

Links, Kolosseum und Umgebung im Modell des kaiserzeitlichen Rom (Rom, Museo della Civiltà Romana).

viern. Südlich des Palatins befand sich der Circus Maximus, sodass der Sitz des Kaisers genau zwischen den Orten lag, an denen die Zirkusspiele und die Gladiatorenkämpfe stattfanden und an denen sich das Einvernehmen des Volkes mit dem Kaiser manifestierte.

Ein spektakuläres Gebäude

Das Kolosseum, das größte jemals errichtete Amphitheater, führte die theoretischen und praktischen Kenntnisse zur Perfektion, die über ein Jahrhundert in dutzenden ähnlichen Konstruktionen in allen Provinzen des Reiches erprobt worden waren. Eine riesige Masse von Beton wurde in den See Neros gefüllt, um das Fundament für das Gebäude aus Travertin, Ziegelsteinen und Marmor zu bilden. Neben den Dimensionen des Bauwerks – die Längsachse misst 188 m, die Arena fast einen halben Hektar –, erstaunt vor allem die sorgfältige und kluge Verteilung der Räume im Inneren. Sie ermöglichte nicht nur den schnellen Zu- und Abgang von 70 000 Zuschauern, sondern auch die Aufteilung nach den rigiden hierarchischen Kriterien, die das Augusteische Gesetz vorschrieb: In der *ima cavea* (die Stufen, die

Die Spiele im Kolosseum

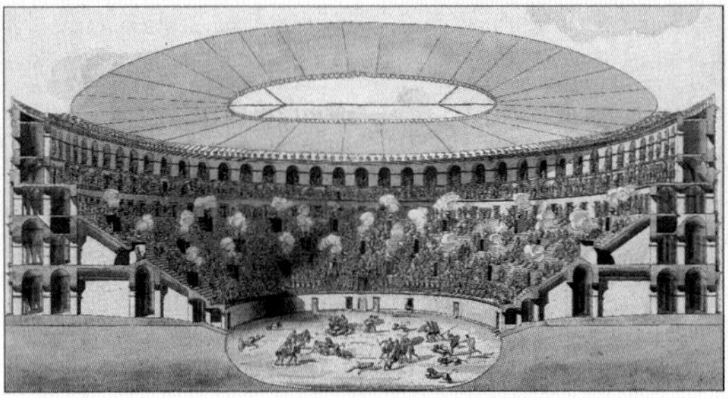

Fast 500 Jahre lang fanden im Kolosseum, dem Amphitheater des Flavius, Tausende grausamer Spiele statt. Viele von ihnen sind überliefert: wegen der Außergewöhnlichkeit der Mittel, der Kämpfer und der eingesetzten Tiere.
Die Eröffnung des Gebäudes 80 n.Chr. wurde mit einem munus *begonnen, der 100 Tage dauerte, von Juni bis September. Er umfasste neben den üblichen Gladiatorenkämpfen und* venationes *auch eine Naumachie, die eine Seeschlacht zwischen Korinthern und Kerkyräern nachstellte. Hinzu kamen verschiedene weniger blutrünstige Vorstellungen, wie z.B. eine Art Wasserballett, in dem einige als Nereiden verkleidete Schwimmerinnen in komplexen Choreographien Gegenstände wie eine Harpune oder einen Anker darstellten. Besonders aufwendig war vermutlich die Darstellung des Mythos von Hero und Leander, der – wie Martial überliefert – ebenfalls in Szene gesetzt wurde. Der Jüngling Leander überquerte jede Nacht die Meerenge Hellespont um seine Geliebte Hero zu sehen. Eines Tages wurde er dabei von einem Sturm überrascht und ertrank.*
In der szenischen Darstellung im Amphitheater wurden sogar die Wellenbewegungen des Sturms nachgeahmt. Allerdings töteten sie in diesem Fall Leander nicht, da dieser im letzten Augenblick von Kaiser Titus begnadigt wurde.
In der Geschichte des Kolosseums werden die Spiele anlässlich der Einweihung des Gebäudes nur von dem munus *übertroffen, den Trajan 107 n.Chr. anlässlich seines Sieges über die Daker veranlasste.*
Er erstreckte sich über 120 Tage, in denen gut 10000 Gladiatoren und 11000 Raubtiere getötet wurden. Danach gab es keinen munus *mit vergleichbarer Dauer und Teilnehmerzahl mehr, trotz des Reichtums der Spiele, die von Hadrian, Antonius Pius und Marc Aurel finanziert wurden.*
Erwähnt werden muss hier allerdings noch jener Kaiser, der höchstpersönlich in der Arena stehen wollte: Commodus, der dem Gerücht nach aus einer außerehelichen Verbindung der Frau Marc Aurels, Faustina, mit

einem Gladiator entstammte. Bekleidet mit einem Löwenfell, wie ein neuer Herkules, tötete Commodus Löwen mit Keule schlägen und besiegte an nur einem Tag bis zu 100 Bären. Den Geschichtsschreibern nach gelang es dem Kaiser, der seine Erfolge als Gladiator in den acta diurnia, *einer Art öffentlicher Zeitung, festhielt, mehr als 1 000 Siege gegen* retiarii *und andere Gladiatoren zu sammeln und während seiner Karriere als Kämpfer Tausende Tiere, darunter auch Elefanten, zu töten. Unter den zahllosen trickreichen Erfindungen, mit denen die Spiele belebt wurden, war eine besonders originell, die unter Septimus Severus ersonnen wurde: Angeregt durch die Strandung eines Walfisches an der italienischen Küste, wurde im Amphitheater ein falscher Walfisch aufgestellt, aus dessen Mund 50 Bären herauskamen. Wenige Jahre später wurde die Idee perfektioniert: An die Stelle des Walfisches trat nun ein Schiff, das in der Arena Schiffbruch erlitt und Hunderte von Raubkatzen, Bären und Wisente freigab. Berühmt wurde schließlich eine* venatio, *die Kaiser Probus veranstalten ließ und an der alle Zuschauer teilnahmen: 281 n.Chr. wurde die riesige Arena des Zirkus Maximus in einen Wald verwandelt, in dem je 1 000 Strauße, Hirsche, Wildsäue und ebenso viele Damhirsche und Steinböcke freigelassen wurden. Das ganze Volk wurde in die Arena gelassen, um die Tiere zu jagen und gefangen zu nehmen. Konstantin, der seinen* adventus *in der Stadt 312 n.Chr. mit* munera *feierte, war einer der letzten Kaiser, die Gladiatorenspiele in Rom finanzierten. Mit der Verlegung des Hofes nach Mailand und nach Konstantinopel ging die Ehre, Spiele zu veranlassen, an den Senat über. Noch bis zum Beginn des 5. Jh. blieben die Spiele ein unverzichtbares Ereignis für das römische Volk.*

Gegenüberliegende Seite, Vincenzo Brenna (1745–1820), *Schnitt des Kolosseums mit Zuschauern und einer Löwenjagd,* 1769/70 (London, Victoria and Albert Museum). Oben, Spiele im Kolosseum in einem Stich Lauro Jacopos aus dem 17. Jh. (Rom, Istituto Nazionale per la Grafica).

Rechts, römisches Öllämpchen mit der Darstellung des letzten Augenblickes eines Gladiatorenkampfes. Unten, Rekonstruierter Schnitt des Kolosseums mit den verschiedenen Rängen.

der Arena am nächsten waren) durften nur die Senatoren mit ihren Familien Platz nehmen. Den Vertretern der Reiterorden war der darübergelegene Rang vorbehalten *(maenianum primum)*, während das Volk auf dem *maenianum secundum imum*, oder, zusammen mit den Frauen, auf dem noch höheren und unbequemeren *maenianum secundum summum* Platz nahm. Der höchste Rang, der *maenianum summum in ligneis*, war aus Holz gebaut. Ein Treppensystem im Inneren ermöglichte den Zugang, ohne dass sich die Zuschauer der verschiedenen Ränge beim Eintreten begegneten. Erst vor Kurzem konnten weitere Aspekte der Organisation im Inneren des Gebäudes rekonstruiert werden. Eine solche Konzentration von Menschen wie im Kolosseum wäre ohne Wasserversorgung unmöglich gewesen. Verschiedene Untersuchungen konnten nun ein ausgefeiltes System von Wasserleitungen rekonstruieren, das nicht nur zahlreiche Latrinen im ganzen Gebäude versorgte, sondern auch Hunderte von Brunnen speiste, die sich in den Wandelgängen des ersten und zweiten Geschosses des Gebäudes befanden.

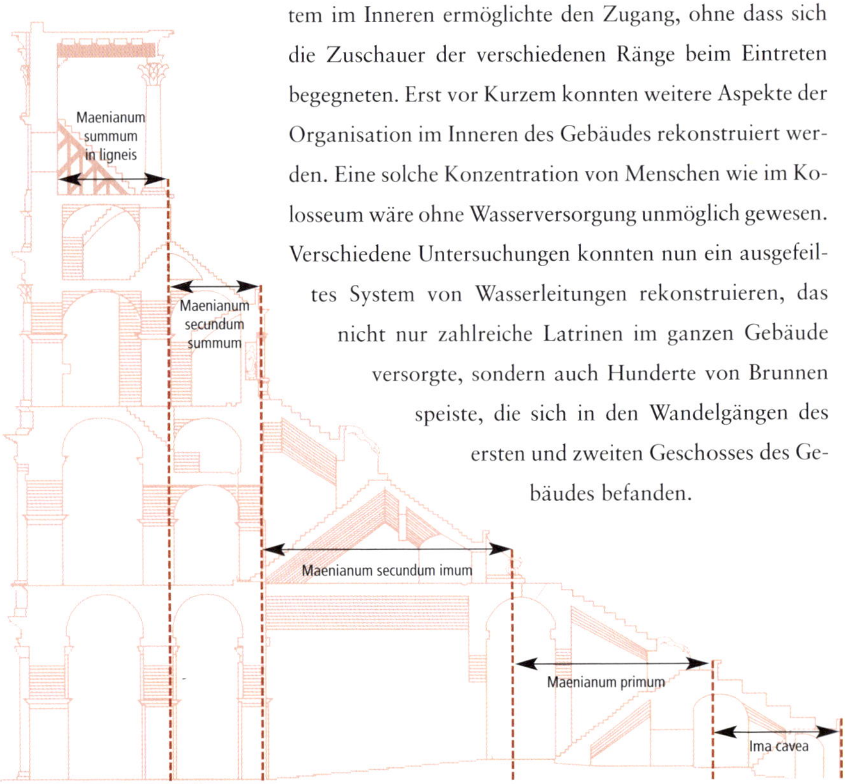

Im Zentrum des Quartiers der Spiele

Wenn man sich mit dem Kolosseum beschäftigt, muss man bedenken, dass das, was fast 52 m in die Höhe ragt, nur ein Teil des Gebäudes ist. Der andere Teil besteht aus einem unterirdischen Netz von Gängen und Gewölben, in dem die Vorbereitungen für die Spiele getroffen wurden. Hier befanden sich Winden und andere Maschinen, die Männer, Tiere oder ganze Szenerien aus der Versenkung im Boden auf der Bühne der Arena erscheinen ließen. Teil des Gangsystems waren auch vier Kryptoportiken (unterirdische Gänge), die das Amphitheater mit einigen nahe gelegenen Gebäuden verbanden. Der östliche ermöglichte den direkten Zugang zum *ludus Magnus*, während ein zweiter Gang, der unter Dominitian realisiert wurde (jedoch als »Gang des Commodus« bekannt ist), dem Kaiser einen sicheren und diskreten Zugang zum Podium im Inneren des Kolosseums ermöglichte. Das Amphitheater war der Mittelpunkt eines ganzen Quartiers, das in Abhängigkeit von diesem riesigen Unterhaltungsgebäude entstanden war. Neben dem *ludus Magnus* fanden sich hier drei weitere Schulen für Gladiatoren *(ludus Matutinus*, *Dacicus* und *Gallicus*), die Kasernen der Matrosen, die die riesigen Segel aufspannten, die Waffenkammer, das Hospital, die Leichenhalle der Gladiatoren und ein Aufbewahrungsort für Maschinen. Das Quartier der Spiele verfiel nach und nach, als die Anziehungskraft der *munera* im 5. Jh. n. Chr. langsam verebbte.

Unten, Brunnen und Eingänge des ersten Rangs des Kolosseums.

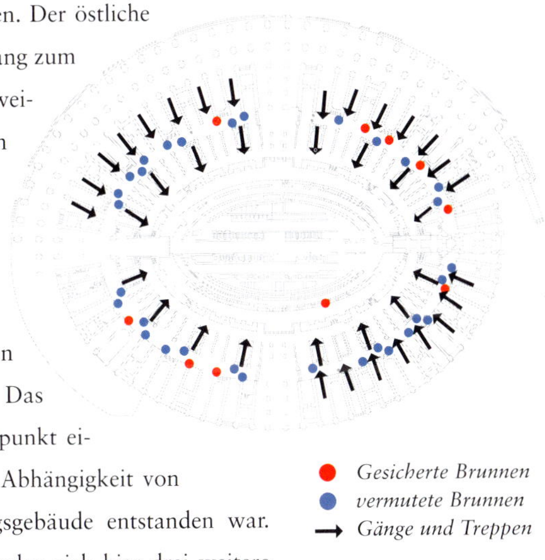

Das Programm der Spiele

- Die Kaiser und die Spiele
- Der organisatorische Aufwand der *munera*
- Ein Tag in der Arena

- *Venationes* und Hinrichtungen
- Der Kampf der Gladiatoren
- Das Liebesleben der Gladiatoren

Die Organisation der Spiele wurde in der Kaiserzeit immer weiter perfektioniert. Es fanden grandiose – und schreckliche – Kämpfe mit schwindelerregenden Teilnehmerzahlen statt: Tausende Tiere und Gladiatoren standen sich zur Begeisterung des Publikums in den Arenen des ganzen Reichs gegenüber. Commodus, Kaiser und Gladiator, Sohn des Philosophenkaisers Marc Aurel, prahlte mehr mit seinen Taten in der Arena als mit den Erfolgen seiner Regierung. Die Adeligen wetteiferten um die Ausrichtung der Spiele, obwohl sie immer teuerer wurden. Souvenirs und Fanartikel hatten großen Erfolg und es entstanden regelrechte Fanclubs, deren Mitglieder Blutbäder in Kauf nahmen, um den Ruhm ihrer Helden zu verteidigen.

In den ersten beiden Jahrhunderten der Kaiserzeit wurden Rom und die größten Städte des Reiches mit Amphitheatern ausgestattet, die den bestmöglichen Genuss der *munera* garantierten. Durch die rigide Ordnung der Plätze in getrennte Ränge für Senatoren, Kavaliere, verheiratete Plebejer, Frauen und Minderjährige waren die überfüllten Amphitheater ein getreuer Spiegel der römischen Gesellschaft, die dort mit Sprechchören ihre Verbundenheit mit dem Kaiserreich zum Ausdruck brachte. Der Kaiser war eine Art *editor* par excellence: In seinen Spielen kämpften die besten Gladiatoren und in seinen Menagerien wurden die wildesten und exotischsten Tiere gezüchtet und gesammelt. Auch die Zahl der eingesetzten Gladiatoren und Tiere überstieg die Möglichkeiten jedes Privatmannes bei Weitem: Bei den Feierlichkeiten zur Einweihung des Kolosseums

Oben, Darstellung einer Tierhatz in der Arena von Pompeji, Illustration von F. Niccolini, 1854.
Unten, Bronzestatuette eines kapitulierenden thraex.

Rechts, Mosaik mit der Darstellung eines Jagdhundes, der einen Hirsch reißt. Unten, Marmorbüste des Trajan (Rom, Kapitolinische Museen).

im Jahr 80 n.Chr., die mehr als 100 Tage dauerten, wurden über 5000 wilde Tiere getötet und mehr Gladiatoren eingesetzt als jemals zuvor. Trajan (98–117) übertraf diese Zahlen noch, als er 107 n.Chr. den Triumph über die Daker mit Spielen feierte, die mehr als drei Monate andauerten. Bedenkt man, dass bei den Spielen des Jahres 109 n.Chr. anlässlich der Eröffnung der Trajansthermen mehr als 8000 Gladiatoren und mehr als 10000 Tiere präsentiert wurden und dass nur wenige Jahre später, 113 n.Chr., bei einem anderen *munus* bereits 20000 Gladiatoren kämpften, wird offensichtlich, dass ein umfassender Apparat und eine beträchtliche Finanzkraft hinter den Spielen gestanden haben muss. Vergleicht man die Zahl von 20000 Gladiatoren, die unter Trajan auftraten, mit den 10000 Gladiatoren, die der Überlieferung nach von Augustus während seiner gesamten langen Regierungszeit in die Arena geschickt wurden, wird die enorme Steigerung in der Ausstattung der Spiele deutlich.

Die Kaiser und die Spiele

Die Regierungszeit Trajans bildet den Höhepunkt in der Geschichte der Gladiatorenspiele. Auch aus den folgenden Jahren sind zwar zahlreiche *munera* bekannt, für die großer Aufwand betrieben wurde, vergleichbare Zahlen wurden jedoch

nie wieder erreicht. Hadrian (117–138) stiftete Spiele in Erinnerung an Plotina, die Frau seines Adoptivvaters Trajan, bei denen 300 Gladiatoren kämpften. Bei anderer Gelegenheit veranstaltete er eine *venatio* mit 1000 Tieren. Auch für seine Nachfolger sind *munera* mit ähnlichen Zahlen bekannt: Antoninus Pius (138–160) ließ anlässlich des zehnten Jahrestages seiner Herrschaft (148 n.Chr.) im Amphitheater 100 Löwen jagen und selbst Marc Aurel (160–181), der eine persönliche Abneigung gegen Gladiatorenkämpfe hatte und sie für grausam, schädlich und

Unten, links, Mosaik aus El Djem in Tunesien mit der Darstellung einiger wilder Tiere, im Hintergrund ein Raubtierkäfig (El Djem, Museum); unten, römisches Relief mit der Darstellung eines Schiffes, beladen mit Käfigen mit wilden Tieren für die Spiele (Rom, Villa Medici).

Begehrte Lieferungen aus Afrika

Die Beschaffung der Tiere

Um den konstanten Nachschub an wilden und exotischen Tieren zu gewährleisten, bedurfte es einer umfassenden Organisation, die nur mithilfe des Heeres möglich war. Unter Mitwirkung von Militäreinheiten, die auf das Fangen wilder Tiere spezialisiert waren und die sich die Nahrungsmitteltransporte über das Meer zunutze machten, wurden Tausende Raubtiere aus Nordafrika und in kleineren Dimensionen auch aus Asien nach Italien und in das restliche Europa transportiert. Die zahlreichen Mosaike aus Afrika, z. B. aus Karthago, El Djem und Hippo Regius (Annaba), zeigen uns einen kompletten Katalog angewandter Jagdtechniken: mit Fallen, Netzen, Erdgräben, Lassos usw. Um den Vorrat an Tieren für die Jagden wieder aufzufüllen, griff man aber auch oft auf die europäische Tierwelt zurück, beispielsweise Bären, Rehe, Hirsche oder Wildschweine.

Auf einer Diana-Stele in Köln rühmt sich ein Centurio, mehr als 50 Bären in weniger als sechs Monaten gefangen zu haben. Der Tierfang nahm solche Ausmaße an, dass er gravierende Auswirkungen auf die Tierpopulationen hatte: In Nordafrika z. B. wurden in römischer Zeit das Nilpferd, der Elefant und der Leopard vollständig ausgerottet.

Rechts, Marmorbüste des Kaisers Commodus (Rom, Kapitolinische Museen) Unten, V. Brenna, Schnitt durch das Kolosseum, 1769/70 (London, Victoria and Albert Museum).

frivol hielt, war trotzdem bereit, das Volk mit Spielen zufriedenzustellen. Auch für ihn war es wohl politisch notwendig, den Bedürfnissen der städtischen Plebs nachzukommen, die immer unberechenbarer wurde und von der Freigebigkeit des Kaisers forderte. Allerdings scheute sich der Kaiser – Autor der berühmten *Selbstbetrachtungen*, einer Art philosophischen Tagebuchs – nicht, sein Desinteresse an den Spielen zu zeigen, indem er in der Arena Texte verfasste, Gesandtschaften empfing und Dekrete unterzeichnete (*Historia Augusta*, Marc Aurel, 15). Es ist kaum zu glauben, dass Marc Aurel Vater des Commodus

(180–192) war, eines Kaisers, der sich gern seiner Fähigkeiten als Gladiator rühmte. Einer mächtigen Bronzestatue, die in der Nähe des Kolosseums stand, ließ Commodus seine eigenen Gesichtszüge geben und auf dem Sockel die Inschrift anbringen:

Links, Sog. »Gang des Commodus«, unterirdischer Korridor im Fundament des Kolosseums.

> Commodus, der Erste der *secutores*,
> Sieger über mehr als 12 000 Menschen
> allein mit seiner linken Hand.

Die Weltanschauungen von Vater und Sohn waren so unterschiedlich, dass das Gerücht aufkam, Commodus

Oben, Detail aus einem Mosaik von 310–330 n.Chr. mit der Darstellung einer Jagdszene (Piazza Armerina, Villa del Casale).
Unten, Detail aus dem sog. Mosaik der Großen Jagd aus dem 4.Jh.n.Chr (Piazza Armerina, Villa del Casale).

entstamme einer Affäre seiner Mutter Faustina mit einem Gladiator. Sicher ist, dass Commodus nicht zögerte, in die Arena zu steigen und in einem Purpurmantel in der von ihm bevorzugten Rüstung eines *secutor* zu kämpfen. Er trat dort mehr als 700 Mal auf, oft auch als Bogenschütze, und tötete laut Überlieferung häufig schon mit dem ersten Schuss Strauße, Bären und Elefanten (*Historia Augusta*, Commodus, 12). Unter Commodus erlebte das römische Volk noch einmal eine Blüte der Gladiatorenkämpfe: Mehr als 1000 Spiele wurden in seiner Regierungszeit veranstaltet (*Historia Augusta*, Marc Aurel, 19). Die überlieferten Zahlen lassen aber keinen Zweifel daran, dass die von Seiten der Kaiser finanzierten Gladiatorenspiele im Laufe des 2.Jh.n.Chr. einen bemerkenswerten Niedergang erlebten. An ihre Stelle traten immer häufiger *venationes*, die mit der Vorführung exotischer und farbenfroher Tiere nun vermutlich einen größeren Eindruck machten als die Kämpfe.

Der organisatorische Aufwand der *munera*

Die Industrie rund um die Gladiatorenkämpfe konnte allerdings nicht nur auf die staatliche Finanzierung der Spiele zählen, sondern auch auf einen ziemlich ausgedehnten und weitverzweigten Markt, der von privaten *editores* bestimmt wurde. Bei diesen handelte es sich meist um Vertreter der hohen Gesellschaft der Provinz, die die Spiele als ein wichtiges politisches Instrument, zur Manifestation ihrer Macht und ihres Reichtums einsetzten. Der Glanz, der auf den *editor* in dem kurzen Zeitraum von drei oder vier Tagen seines *munus* fiel, war oft der Traum eines ganzen Lebens.

Unten, Relief aus der späten Republik mit der Darstellung eines Kampfes zwischen einem traex *und einem* hoplomachus *(Rom, Museo della Civiltà Romana).*

Es lag deswegen nahe, dass der *editor* die Erfüllung dieses Traums in Grabmonumenten, aber auch auf den Mosaiken seiner Privaträume verewigen ließ, wobei mit akribischer Sorgfalt die Zahl der gezeigten Kämpfe, deren Ausgang, die Szenen der *venatio* und der Beifall des Publikums festgehalten wurden. Die privaten Stifter, die meist Verwaltungsämter als Ädilen oder Duumvirn bekleideten oder zu den für den Kaiserkult zuständigen Priestern zählten, veranstalteten zahllose *munera*, die den Bestand der zahlreichen Gladiatorenschulen im ganzen Reich garantierten. Es gab ihnen Gelegenheit, für einige Tage den Rausch zu erleben, sich wie ein Kaiser zu fühlen: Ein *munus* konnte z.B. zu Ehren des Kaisers gestiftet werden

Die Waffen aus dem pompejanischen *ludus*

Eine Reihe von Entdeckungen brachte zwischen 1766 und 1767 eine spektakuläre Serie von Gladiatorenwaffen ans Licht, die den Athleten gehörten, die im ludus *von Pompeji ausgebildet wurden: Im* armamentarium *(Waffenkammer) der antiken Gladiatorenschule wurden 15 Helme, 13 Beinschienen, ein runder Schild, drei* galerii *(Schutzschirme, die die* raetiarii *an der linken Schulter trugen) und Fragmente von zahllosen weiteren Waffen gefunden. Diese Rüstungen vermitteln uns einen einzigartigen Eindruck von der Pracht der Rüstungen mit denen die Gladiatoren in julisch-claudischer Zeit in die Arena stiegen. Der Reichtum an Dekorationen in Treibarbeit, die Götter, mythologische Szenen oder Symbole wie den Dreizack und den Ölzweig darstellen, ist so groß, dass die Forscher lange Zeit glaubten, diese Prunkwaffen wären nur während der* pompa triumphalis *getragen worden. Genaueren Untersuchungen nach lässt sich diese These jedoch kaum halten, denn die Waffen zeigen Schäden und auch Spuren von Reparaturen. Zudem zeigen zahllose bildliche Quellen, dass die Gladiatoren mit prunkvoll dekorierten Helmen kämpften. Die Waffen aus der Gladiatorenschule in Pompeji waren also wohl die Gebrauchswaffen der Gladiatoren des 1. Jh. n. Chr. Im pompejanischen* ludus *wurde noch eine Entdeckung gemacht, die für Jahre die Forschung beschäftigte: In der Waffenkammer fand man den Körper einer reich mit Juwelen geschmückten Frau. Noch heute ist in Reiseführern die frei erfundene Geschichte einer verzehrenden Leidenschaft zu lesen, die eine wohlhabende* domina *dazu bewegt haben soll, ihren letzten Liebesakt mit ihrem Geliebten, einem Gladiatoren, zu erleben, während die Stadt unter der Asche des Vulkans versank. Die Realität war vermutlich sehr viel trister und grausamer: Der* ludus *wurde bei dem plötzlichen Ausbruch des Vulkans zum Grab von mehr als 60 Personen, die sich vermutlich bei dem Versuch, auf der am* ludus *vorbeiführenden Straße Richtung Meer zu entkommen, hierher geflüchtet hatten.*

(pro salute domus augustae). Häufiger aber waren die Adeligen, die Verwaltungsaufgaben übernahmen, per Gesetz dazu verpflichtet, *munera* zu stiften: Die Duumvirn mussten mindestens viertägige, die Ädilen mindestens dreitägige Spiele veranstalten. Dabei handelte es sich um Unternehmen, die eine Familie in den Ruin treiben konnten. Einen *munus* mittlerer Ausstattung konnte man zu Caesars Zeiten noch mit ca. 8 000 Sesterzen veranstalten, aber zur Zeit des Marc Aurel war es kaum mehr möglich, ein einigermaßen wirkungsvolles Spektakel mit weniger als 40 000 Sesterzen zu organisieren. Ende des 2. Jh. n. Chr. kostete ein Gladiator, wenn er absoluter Anfänger war, 1 000 Sesterzen. Wollte man jedoch einen namhaften Kämpfer engagieren, der die Massen anzog, musste man bereit sein, bis zu 15 000 Sesterzen für einen Kampf zu bezahlen. Der Preis erhöhte sich erheblich, wenn ein Gladiator starb, denn in diesem Fall musste der *munerarius* dem *lanista* den gesamten Wert des Athleten bezahlen, der um ein Vielfaches höher war als der Lohn für ein einfaches Engagement. Hinzu kamen die Tiere für die *venationes*, die mehr Eindruck machten, wenn sie exotischer Herkunft waren. Nur die zum Tode Verurteilten wurden kostenlos vom örtlichen Magistrat zur Verfügung

Oben, römischer Becher mit zwei Gladiatoren und einem Schiedsrichter; unten, Bronzestatuette aus dem 1. Jh. n. Chr. mit der Darstellung eines Liktors. Gegenüberliegende Seite, oben, Kupferstichplatte von N. Vanni mit der Darstellung eines Gladiatorenhelms im Profil und in Vorderansicht aus der 2. Hälfte des 18. Jh. (Neapel, Archäologisches Nationalmuseum); unten, Kurzschwert mit Griff aus Bein aus der Gladiatorenschule in Pompeji (Neapel, Archäologisches Nationalmuseum).

Rechts, Arles in einem Stich von J.-B. Guibert, 18. Jh.; gut erkennbar sind die mittelalterlichen Häuser, die im Inneren des Amphitheaters errichtet wurden. Unten, englischer Stich aus dem 19. Jh. mit der Darstellung eines englischen Dompteurs, der bei seiner Vorführung ein typisch römisches Kostüm trägt.

gestellt. Zu den Kosten für die Akteure konnten zusätzliche Kosten für die Organisation einer angemessenen Choreographie, das Aufstellen eines *velarium* zum Schutz der Zuschauer vor der Sonne und die Verteilung von *missilia*, Geschenken für das Publikum, kommen. Bei den Spielen, die vom Kaiser veranstaltet wurden, waren die Geschenke manchmal von großem Wert, wie z. B. bei der Einweihung des Kolosseums: Bei einer Lotterie konnten die Zuschauer kostbare Kleider, Tiere, Nahrung und sogar Sklaven gewinnen. Auch die privaten *munerarii* lockten das Publikum mit dem Versprechen von Geschenken wie Münzen, Lebensmitteln oder Karten, die in verschiedene Preise eingelöst werden konnten. Der Pompejaner N. Popidius Rufus, Kandidat zum Ädilenamt und zum Duumvirat, versprach z. B. dem ganzen Publikum, während der Spiele Landhonig anzubieten, während andere Parfüm und Safran

versprühen ließen, um den Gestank der Raubtiere in der Arena zu vertreiben.

Solch ein Aufwand verlangte nach einer angemessenen Werbung für die geplante Veranstaltung. Aus Pompeji sind über 80 Werbeanzeigen für *munera* erhalten, die auf die Hauswände gemalt wurden und in denen detailliert aufgeführt ist, an welchem Tag wie viele und welche Gattungen von Gladiatoren kämpfen, wer der Stifter und was der Anlass war und schließlich, welche Extras wie *velum, missila, sparsiones* (Ausstreuen von Münzen) geboten wurden. Durch diese Inschriften und zahlreiche bildliche Darstellungen können wir detailgetreu den typischen Tagesablauf eines *munus* der frühen Kaiserzeit rekonstruieren.

Unten, links, Grabaltar zum Gedenken an einen Adeligen mit einer Inschrift, die an ein aufwendiges Spiel erinnert, das der Verstorbene als Magistrat der Kolonie Benevent veranstaltet hat (Benevent, Archäologisches Museum); unten, pompejanisches Graffito mit der Ankündigung eines Gladiatorenspiels.

Werbung für die Spiele

Eine öffentliche Anzeige

Die Ankündigungen der Gladiatorenspiele wurden auf Häuserwände gemalt. Sie enthielten das Programm der Spiele und folgten präzisen Schemata: Genannt wurden die Namen der munerarii, *die Anzahl der beteiligten Gladiatoren, die Art der Jagd und eventuelle Extras (wie ein Sonnensegel oder Geschenke für das Publikum). Manchmal unterschrieb am Ende der Autor der Ankündigung, wie auf der Wandanzeige in der Via dell'Abbondanza in Pompeji aus der Mitte des 1. Jh. n. Chr.: »20 Gladiatorenpaare, Eigentum des Decimus Lucretius Valens,*

auf Lebenszeit Priester des Nero Caesar, Sohn des Augustus, und zehn Gladiatorenpaare, Eigentum seines Sohnes Decimus Lucretius Valens, werden in Pompeji vom 4. April an kämpfen; es wird eine Jagd auf Raubtiere und ein Sonnensegel geben. Polibius hat die Ankündigung gemalt« (CIL IV, 7992).

Rechts, Relief des 1. Jh. mit der Darstellung einer pompa triumphalis, *wie sie den Spielen voranging (Chieti, Depot der Soprintendenza Archeologica dell'Abruzzo). Unten, Fußbodenmosaik aus der Casa di Bacco in Cuicul (Djemila), in Algerien, mit der Darstellung von* venatores, *die gegen afrikanische Tiere kämpfen (Djemila, Museum).*

Ein Tag in der Arena

Die Feierlichkeiten begannen in der Regel einen Tag vor den eigentlichen Spielen. Am Vorabend stiftete der *munerarius* den Kämpfern ein Abendessen, genannt *coena libera* (»freies Essen«), da es für alle offenstand. Bei dieser Gelegenheit konnte das Publikum die berühmten Helden der Arena nicht nur von Nahem erleben, sondern sich auch ein Bild von ihrer Verfassung machen – für Wetten, die am darauffolgenden Tag auf den Stufen des Amphitheaters abgeschlossen würden.

Am Morgen des folgenden Tages wurde der *munus* im überfüllten Amphitheater mit einer prächtigen Prozession *(pompa triumphalis)* eröffnet. Verschiedene Denkmäler, so z. B. ein berühmtes Relief aus der Nekropole von Pompeji, überliefern uns ein getreues Bild dieses Momentes, in dem der *editor* die Belohnung für

alle seine Mühen erlebte. Der Geldgeber betrat die Arena durch die *porta triumphalis*. Ihm folgten die Musiker, dann verschiedene Diener mit Schrifttafeln, die dem Publikum die wichtigsten Informationen zur Veranstaltung in Erinnerung riefen: wie viele Gladiatorenpaare welcher Gattungen kämpften und wie viele Tiere gejagt wurden und aus welchen Gründen die *damnati* verurteilt waren, die während des Spektakels hingerichtet wurden. Auf dem erwähnten pompejanischen Relief folgen dem *editor* Diener die die Helme und Schwerter der Gladiatoren tragen.

Unten, Rekonstruktion des Circus Flaminius in Rom aus der Civitatis admirandorum Italiae *von J. Blaeu, 16. Jh. (Venedig, Biblioteca Marciana).*

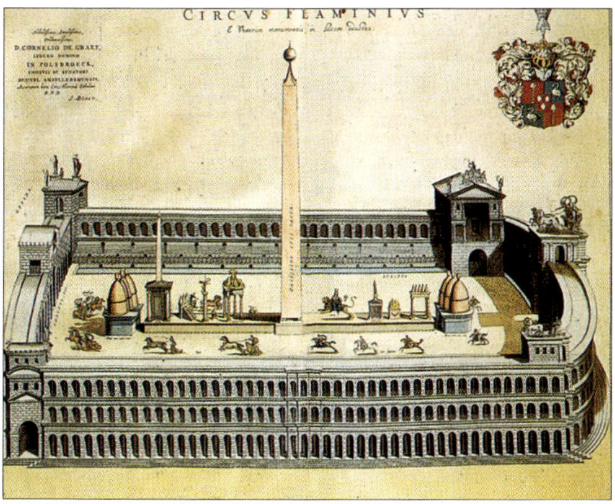

Die Szene spielt vermutlich auf die *probatio armorum* an, die zeremonielle Zurschaustellung und Überprüfung der Funktionalität der Waffen. Nach den Dienern kamen schließlich die eigentlichen Protagonisten, zuerst die Gladiatoren und dann die zum Tode Verurteilten, die – mit Ketten aneinander gefesselt – dem Spott des Publikums ausgesetzt wurden. Nachdem der *editor* auf dem *podium*, der Tribüne des Amphitheaters, Platz genommen hatte, gab er das Signal zum Start der Spiele.

Venationes und Hinrichtungen

Die Spiele begannen mit den *venationes*, jenem Spiel, das die Römer am längsten begeisterte. Noch im 6. Jh. n. Chr., lange nachdem die Gladiatorenspiele verebbt waren, fanden im Kolosseum Jagden statt. Diese Art von Spiel befriedigte mit der Zurschaustellung seltener Tiere, den Rekonstruktionen exotischer Landschaften als Schauplätze für die Jagden, dem Glanz der Waffen und der Rüstungen der Jäger, die zu Fuß oder zu Pferd furchtlos gegen Löwen und Tiger kämpften, die verschiedensten Interessen. Auch was den Einsatz der Tiere betraf, boten die *venationes* bemerkenswerte Variationsmöglichkeiten: Kämpfe zwischen Tieren, wie etwa zwischen Bären und Stieren, bei denen die Tiere aneinander gebunden waren, Demonstrationen von Können und Geschicklichkeit, wie die *taurocenta*, in denen Akrobaten und Athleten versuchten, auf Stiere zu springen und diese zu Boden zu werfen, oder spektakuläre Hinrichtungen. Mosaiken, wie das aus der Villa in Zliten (Lybien) oder das aus der Domus Sollertiana in El Djem (Tunesien), zeigen grausame Darstellungen von Männern mit fremdländischen Zügen, die an Löwen oder Panther gebunden sind und von diesen niedergerissen

Oben, Fresko aus dem 2. Jh. n. Chr. von einer Brüstung im Theater von Mérida (Spanien) mit der Darstellung eines Kampfes zwischen einem Jäger und einem Löwen (Mérida, Archäologisches Museum); unten, Fragment einer Stufe des Kolosseums, auf der der Name des Senators eingemeißelt ist, für den der Platz reserviert war. Gegenüberliegende Seite, oben rechts, Tintinnabulum *aus Bronze in Form eines Gladiators aus Herkulaneum (Neapel, Archäologisches Nationalmuseum); links, Griff eines Klappmessers aus Knochen mit der Figur eines Gladiators (Ostia, Antiquarium); unten, Goldmalerei aus dem 4. Jh. n. Chr. mit der Darstellung eines* retiarius.

Geschenke und Souvenirs

Die Fanartikel

Die außerordentliche Popularität der Gladiatorenspiele wird durch das Aufkommen einer regelrechten Industrie von Fanartikeln bezeugt, die mit Bildern aus der Welt des munus *– Gladiatorenkämpfe, Exekutionen, Jagdszenen, usw. – geschmückt waren. Es handelte sich um Gegenstände des alltäglichen Gebrauchs wie Tischgeschirr, Messergriffe, Öllämpchen, Gläser, Statuetten, hergestellt aus allen Materialien und in den verschiedensten Größen. Oft wurden die Helden der Arena nicht nur dargestellt, sondern auch mit Namen bezeichnet, die wir auch aus der Literatur kennen. Die Namen der beiden berühmten Gladiatoren Petrais und Prudens aus der Zeit Neros werden z.B. nicht nur in Petronius* Satyricon *erwähnt, sondern auch in Beischriften auf einem pompejanischen Fresko und auf Hunderten Bechern aus Glas aus gallischer Produktion. Die beliebteste Szene für die Dekoration der Artikel war die Kapitulation des Besiegten, der Augenblick, in dem sich der Ausgang des Kampfes entschied und in dem das Publikum zum höchsten Richter über den Besiegten, über dessen Leben und Tod wurde. Dieses Thema findet sich auf gallischem Tafelgeschirr zwischen dem 1. und 2. Jh. n. Chr., auf afrikanischem sogar bis zum späten 4. Jh. Besonders vortrefflich sind die Darstellungen auf einer Medaillonart aus Terrakotta, die als dekorative* apliques *(Zierkacheln) diente und im Tal der Rhone hergestellt wurde. Auf ihnen ist nicht nur der Name der Athleten festgehalten, sondern auch deren* palmaresse, *d.h. die jeweilige Anzahl ihrer Siege und der Ausgang des jeweils dargestellten Kampfes.*

Es mag überraschend sein, aber sogar die Darstellungen von Hinrichtungen (Männer, die von Löwen zerfleischt, oder Frauen, die von Stieren zerfetzt werden) waren beliebt und wurden zu gebräuchlichen dekorativen Motiven für Alltagsgegenstände wie Suppenschüsseln oder Öllämpchen.

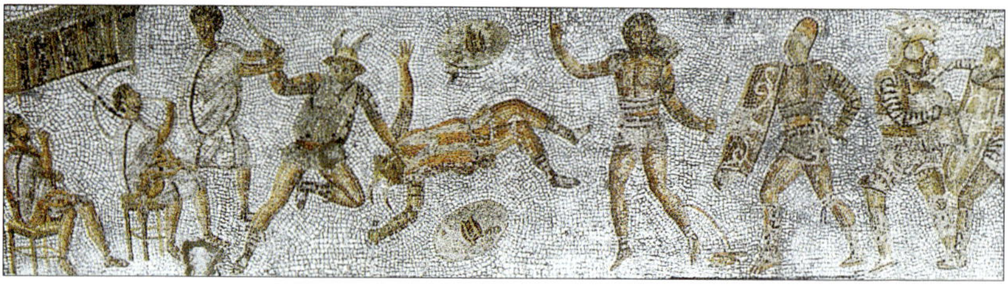

Oben, Detail eines Mosaiks aus Zliten mit Musikern und Gladiatoren (Tripolis, Museum);
Mitte und unten, Terrakottastatuetten weiblicher Akrobaten (Tarent, Archäologisches Nationalmuseum).

werden, wobei ihr Gesicht oder ihr Rumpf von den Tieren zerfleischt wird. Manchmal hatte der Kampf gegen Tiere oder zwischen ihnen einen unerwarteten Ausgang, der das Publikum erheiterte. Einige solcher Fälle überliefert Martial in den Epigrammen des *De spectaculis liber (Buch der Schauspiele)*, in denen er die Feierlichkeiten anlässlich der Einweihung des Kolosseums beschreibt. Er erzählt z.B., dass ein Stier, der Gliederpuppen durch die ganze Arena verfolgt und hoch bis zu den Sternen geworfen hatte, schließlich selbst auf dem Boden endete, als er versuchte, einen Elefanten in die Luft zu schleudern (*De spectaculis liber* 19). Bei einer anderen Gelegenheit stießen zwei Gazellen bei dem Versuch, ihrem Jäger zu entfliehen, mit solcher Wucht zusammen, dass sie bei dem Zusammenstoß starben. Der Vorfall löste Begeisterung beim Publikum aus, während der Jäger mit dem überflüssig gewordenen Dolch in der Hand vor Staunen erstarrte (*De spectaculis liber* 4, 35). Bei einer anderen Jagd stürzte ein Hirschkalb, das von einer Bulldogge verfolgt wurde, vor das kaiserliche Podium, als ob es

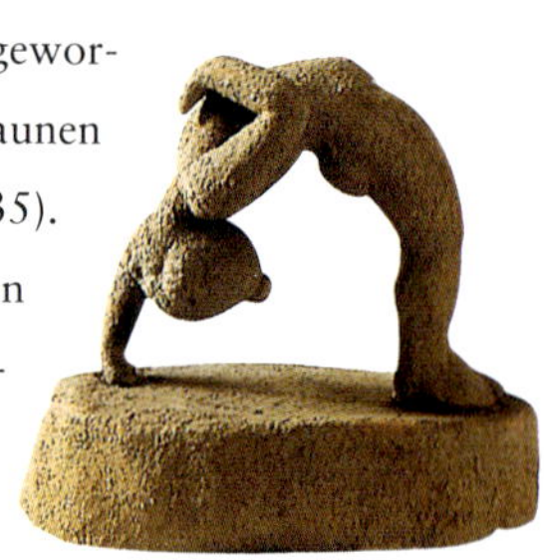

um die Gnade des Kaiser flehen wolle (und auch erhielt) (*De spectaculis liber* 17). Wahrscheinlich handelte es sich häufig um dressierte Tiere. Allerdings zeigten sie sich nicht immer gehorsam: Martial erzählt von einem Löwen, der gegen seinen Gebieter rebellierte und ihn biss (*De spectaculis liber* 10), während ein anderer Löwe, der als friedlich und zahm galt, plötzlich zwei Mädchen zerfleischte, die mit der Reinigung der Arena beschäftigt waren (*De spectaculis liber* 2).

Unten, Silberteller aus dem 1. Jh. v. Chr., gefunden in Boscoreale in der Umgebung Pompejis, dekoriert mit einer Personifikation Afrikas als Frau, die eine Elefantenhaut auf dem Kopf trägt; der größte Teil der exotischen Tiere, die in den Jagden eingesetzt wurden, kam aus Afrika.

Die *venationes* mit ihren Darbietungen an der Grenze zum Irrsinn, der Jagd auf Tausende von Tieren und grausamen Hinrichtungen, bildeten vielleicht den morbidesten und blutrünstigsten Teil der gesamten Spiele. Bei ihnen zeigte das Publikum seine niedersten Instinkte. Gregor von Nazianz beschreibt Ende des 4. Jh. n. Chr. die Auswirkungen einer *venatio* auf eine Menge von allerdings größtenteils christianisierten Zuschauern:

> Wenn ein Mann den Raubtieren entflieht, jammern sie, als ob sie, und nicht die Bestie, betrogen worden seien und als ob sie umsonst gekommen wären. Aber wenn ein Mann getötet wird, wenn er schreit und in den Staub fällt, entweicht jedes Bisschen von Mitleid aus den Augen der Zuschauer und mit großer Freude applaudieren sie laut, wenn sie Blutströme sehen.

Allerdings gerieten die Jäger – abgesehen von den Hinrichtungen – selten in eine gefährliche Lage. Wenige Sonderfälle ausgenommen, wie z. B. der des begnadigten Löwens *Innocentia*, waren es die Tiere, die litten. Die Jäger, unter denen sich auch Frauen fanden (Martial, *De spectaculis*

Rechts, Pompejanisches Stuckrelief mit der Darstellung des Dionysos als Akrobat; der Gott lehnt sich mit dem Ellenbogen auf einen Reifen, wie er für gymnastische Übungen benutzt wurde.
Unten, Innenansicht des Kolosseums mit den unterirdischen Anlagen.
Gegenüberliegende Seite, Detail aus dem Magerius-Mosaik; dieses Hauptwerk der Mosaikkunst entstand im 3. Jh. n. Chr. und misst 5,30 x 6,80 m (Sousse, Museum).

liber 6), waren Profis, die sogar in besonderen Schulen wie dem *Matutinus* in Rom ausgebildet wurden; jeder von ihnen war auf bestimmte Raubtiere spezialisiert.

In Afrika, wo sich die *venationes* besonderer Beliebtheit erfreuten, existierten im 2. und 3. Jh. Agenturen, die sich auf die Ausbildung und das Training professioneller Jäger spezialisiert hatten. Eine der berühmtesten war jene der *telegenii*, deren Jäger Dionysos verehrten und als Symbol einen zunehmenden Mond hatten. Direkte Konkurrenz der *telegenii* war die Gesellschaft der *pentasii*, deren Symbol eine Krone mit fünf Spitzen war, die *tauriscii* mit dem Symbol des Efeublattes und die *leontii*, die Venus verehrten und durch einen Myrthenzweig zu erkennen waren.

Eine ausführliche *venatio*-Darstellung

Das Magerius-Mosaik

Einen erfolgreichen munus *zu stiften, bedeutete für eine Privatperson, Popularität und Ansehen unter den Mitbürgern zu erlangen. Es lag daher im Interesse des* editor, *das ruhmreiche Ereignis in einem Monument festzuhalten, das seine Freigebigkeit für ihn selbst und vor allem für seine Freunde und Anhänger stets in Erinnerung hielt. Ein Sonderfall ist das Mosaik des Magerius, eines* editor *des 3. Jh. n. Chr., der es bevorzugte, sich und den von ihm gestifteten* munus *in seinem Haus in Smirat (Tunesien) zu feiern. Das Mosaikfeld zeigt eine Jagdszene, bei der vier* venatores *aus der Gruppe der* telegenii *gegen vier Leoparden kämpfen. Im Zentrum der Komposition trägt ein Mann mit langen Haaren ein Tablett, auf dem sich vier Säcke mit jeweils 1 000 Sesterzen befinden. Eine lange Inschrift erklärt die Szene: »Verkündet durch den Vorsteher: Meine Herren, damit die* telegenii *bekommen, was sie von eurer Gunst, mit dem Leoparden zu kämpfen, verdienen, gebt ihnen fünfhundert Denare«. Diese wohl rituelle Phrase, eine Proklamation, die vermutlich in der Arena vorgetragen wurde, nennt die Prämie, die die Jäger für ihre Darbietung erhielten. Interessanter ist die zweite Inschrift, die uns die lebendige Atmosphäre des Amphitheaters vor Augen führt: »Sie riefen: Nach deinem Vorbild können in Zukunft die* munerarii *verstehen, wie man einen* munus *veranstaltet. Das Echo der Höhe deiner Ausgaben für diese Spiele wird die* munerarii *ferner Zeiten erreichen. Von wem haben wir einen vergleichbaren* munus *erhalten? Und wann? Nach dem Vorbild der Quästoren wirst du einen* munus *veranstalten auf deine Kosten; es wird dein Tag sein – Magerius bezahlt – [es folgen die Akklamationen] Dies bedeutet, reich zu sein! Mächtig zu sein, bedeutet dies. Am Abend mögen die* telegenii *mit Säcken voller Geld entlassen werden von deinem* munus.«

Rechts, Detail eines Öllämpchens mit einer Kampfszene zwischen Gladiatoren; der linke Kämpfer hat gerade als Zeichen seiner Kapitulation das Schwert zu Boden geworfen (Celano, Archäologisches Museum).
Unten, Amphitheater in Capua, das größte Gebäude dieser Art nach dem Kolosseum.

Auf die Jagden folgten in der Mittagszeit die Hinrichtungen, Vorführungen simulierter Kämpfe und Seiltanzakrobaten. Den Hinrichtungen, dem Pausenprogramm zwischen den zwei Hauptteilen der Spiele, mangelte es nicht an Sensationen und originellen Vollstreckungsmethoden: Man bediente sich der Verurteilten, um kuriose lebende Bilder zu arrangieren, die meist von der Mythologie inspiriert waren. Es ist wiederum Martial, der uns mit ironischem Abstand über diese einzigartigen Darbietungen berichtet. In einem Fall wurde die gesamte Arena des Kolosseums in einen idyllischen Wald verwandelt, in dem der Mythos von Orpheus und Eurydice nachgespielt wurde. Anders als im Mythos gelang es dem Verurteilten,

der Orpheus spielte, dabei allerdings nicht, die wilden Tiere mit seinem Gesang zu besänftigen und zur allgemeinen Begeisterung des Publikums wurde er von einem Bären zerfleischt (*De spectaculis liber* 24). Laureolo hingegen, ein bekannter Straßenräuber, wurde gezwungen, das Kostüm des gefesselten Prometheus anzulegen und endete an ein Kreuz gebunden von einem Bären zerfleischt (*De spectaculis liber* 9). Besonders geschätzt wurde die Aufführung des Mythos von Pasiphae, die sich mit einem Stier vereinigte und den Minotaurus gebar. Solche Vereinigungen zwischen einer zum Tode verurteilten Frau, der eine Kuhhaut umgehängt wurde, und einem Stier wurden nicht nur unter Titus (*De spectaculis liber* 6), sondern auch unter Nero aufgeführt. Auch historische Ereignisse wurden dargestellt: Ein Verurteilter wurde z.B. gezwungen, Mucius Scaevula nachzuahmen und sich die Hand in einer Flamme zu verbrennen (*De spectaculis liber* 30). Tertullian erzählt von Hinrichtungen, die von mythologischen Motiven wie der Entmannung des Attis, der Fesselung des Ixion an ein brennendes Rad oder der Selbstverbrennung des Herkules auf dem Berg Oita inspiriert waren. Die Verurteilung zur Verbrennung am lebendigen

Unten, J.-L. Gérôme, Pyrrhikos-Tanz, *Detail (Privatsammlung). Der antike* Pyrrhikos-*Tanz, ein Kampftanz, wurde in den* munera *völlig entstellt: Die zum Tode verurteilten fanden als brennende »Tänzer« ihr grausames Ende.*

Unten, Sir Lawrence Alma Tadema (1832–1912), Pyrrhikos-Tanz, *1869 (Guildhall Art Gallery, Corporation of London).*

Leibe wurde häufig umgesetzt, weshalb man versuchte, neue und effektvolle Lösungen für die Vollstreckung zu finden. Die *pyrricharii* z.B., die in literarischen Quellen erwähnt werden, waren keine erfahrenen Tänzer des *Pyrrhikos*, des antiken Kriegstanzes, sondern zum Tode Verurteilte. Sie mussten Kleider anziehen, die mit brennbaren Flüssigkeiten durchtränkt worden und zugleich derart prunkvoll waren, dass Martial sie ironisch als »*tunicae molestae*« (»drückende Tuniken«) bezeichnet. Die Verrenkungen der Unglücklichen in den Flammen wurden, von Musik begleitet, zu einer unterhaltenden Parodie des Kriegstanzes.

Der Kampf der Gladiatoren

Mit Beginn der Nachmittagsstunden begann der letzte Teil der Spiele: der Kampf der Gladiatoren. Vor Beginn der eigentlichen Gefechte – meist zwischen einzelnen Paaren, seltener zwischen größeren Gruppen (*gregatim* genannt) – wurden dem Publikum in einem Ritual, das durch die *lex pugnata* festgeschrieben wurde, die Waffen und die Rüstungen der Kämpfer präsentiert. Gleichzeitig wurden die Bestrafungswerkzeuge für jene Gladiatoren, die schlecht kämpften oder sich verweigerten, vorbereitet: Peitschen und brennende Ruten. Während dieser Vorbereitungsphase *(prolusio)* wärmten sich die Gladiatoren auf, indem sie Scheingefechte mit hölzernen Waffen führten. Schließlich gab der *editor* das Signal zum Beginn der Kämpfe *(signum pugnae)*. Ein Kampf konnte die Möglichkeit einer *missio* einschließen, eines Gesuchs um Gnade von Seiten des Verlierers, oder *sine*

Links, Lanzenspitze aus der Gladiatorenschule in Pompeji (Neapel, Archäologisches Nationalmuseum). Unten, J.-L. Gérôme, Pollice verso, Öl auf Leinwand, 1872 (Phoenix, Art Museum).

Eine unklare Geste

Pollice verso, der »gedrehte Daumen«

Einer der verbreitetesten Gemeinplätze in Bezug auf die Gladiatorenspiele betrifft die Geste des nach unten gerichteten Daumens, mit dem das Publikum sein Votum für den Tod der besiegten Gladiatoren zum Ausdruck gebracht haben soll. Tatsächlich ist ungewiss, wann diese Geste aufkam, wann sie sich verbreitete und vor allem was sie bedeutete. Das einzige literarische Zeugnis hierzu liefert Juvenal, der in seinen Saturae *(III, 36–37) eine Menschenmenge beschreibt, die mit einem »gedrehten Daumen« einen Gladiator zum Tode verurteilt. Die von ihm gebrauchte Wendung bedeutet allerdings nicht unbedingt, dass der Daumen nach unten gerichtet war, und einige Autoren sind der Ansicht, dass die Geste umgekehrt war, also darin bestand, den Daumen nach oben zu wenden.*

missio sein (bis zum Tode), was allerdings von Augustus verboten wurde. Er wurde von zwei Schiedsrichtern überwacht, meist ehemaligen Gladiatoren, *summa rudis* und *seconda rudis* genannt, nach ihrem Kennzeichen, einem Holzschwert *(rudis)*. Der Schiedsrichter hatte die Einhaltung der Regeln zu überwachen: Er unterbrach den Kampf, wenn einer der Gladiatoren aus Versehen eine Waffe verlor, oder verfügte Pausen, falls ein Gefecht besonders lange andauerte, um den Helfern *(harenarii)* die Möglichkeit zu geben, den Gladiatoren zu trinken zu geben oder sie zu massieren. In der Regel beschloss der blutrünstigste oder der vom Publikum am sehnsüchtigsten erwartete Kampf den Tag (Sueton, *Vitellius* 12).

Oben, Relief aus der späten Republik mit siegreichem Gladiator, der auf das Urteil wartet (Bologna, Archäologisches Museum).
Unten, Salbengefäße aus Glas aus dem 2. und 3. Jh. n. Chr. in verschiedenen Größen aus Constanta in Rumänien (Constanta, Muzeul National de Istorie si Arheologie).

Jeder der Kämpfer konnte, wenn er verletzt war, Waffen verloren hatte oder sich seiner Unterlegenheit bewusst war, jederzeit die Unterbrechung des Kampfes erbitten und um Gnade ersuchen. In diesem Fall nahm der Gladiator eine von mehreren Standardhaltungen ein, die durch zahllose Abbildungen bekannt sind: Er hob den Daumen der linken Hand, kniete sich hin oder ließ das Schwert mit der

Spitze nach unten fallen. Der Kampf war dann automatisch zu Ende und es war Aufgabe des Schiedsrichters, die Gesetze der Arena durchzusetzen: In einer dramatischen Szene auf dem Mosaik aus Zliten ist etwa zu sehen, wie ein Schiedsrichter mit Gewalt die Hand eines *eques* stoppt, der im Eifer des Gefechts die Regeln missachtet und sich anschickt, seinen zu Boden gestürzten Gegner zu

Unten, Standbild und Werbeplakat des amerikanischen Films Androklus und der Löwe *(1953) Regie: Chester Erskine und Nicholas Ray.*

Ein *munus* wird zur Anekdote

Die Fabel von Androklus und dem Löwen

© Telepress - Roma (2)

*Aulus Gellius (*Attische Nächte *5, 14) und Claudius Aelianus (*Variae historiae *VII,48), zwei Autoren des späten 2. Jh. n. Chr. überliefern eine Anekdote, die das unberechenbare Verhalten der Tiere in den* venationes *und den* damnationes ad bestias *bezeugt: Androklus, Sklave eines brutalen Proconsuls in Afrika, entfloh vor seinem Schicksal in die Wüste. Hier traf er auf einen verletzten Löwen, dem ein Dorn in der Pfote steckte. Mit allem Mut zog Androklus den Dorn heraus und gewann so die Treue und Freundschaft des Tieres. Kurze Zeit später wurde er jedoch von Soldaten gefasst und für sein Verbrechen, die Flucht von seinem Herrn, zum Tode verurteilt. Er sollte bei einem* munus, *den Augustus im Circus Maximus veranstalten ließ, von Raubtieren zerfleischt werden. Der Zufall wollte es, dass Androklus gerade diesen Löwen in der Arena wiedertraf. Das Tier verschonte ihn nicht nur, sondern beschützte ihn auch von dem Angriff der anderen Raubtiere. Erstaunt über ein solches Benehmen, begann das Publikum zu lärmen und nachzufragen, bis Augustus den Verurteilten zu sich rief und sich dessen Geschichte erzählen ließ. Das bewegende Beispiel einer Freundschaft veranlasste den Kaiser dazu, Androklus zu begnadigen und freizulassen und ihm den Löwen zu schenken.*

Rechts, Darstellung eines galerus *in einem Stich aus dem 16. Jh. (Neapel, Archäologisches Nationalmuseum).*
Unten, Büste Ciceros aus dem 1. Jh. v. Chr. (Rom, Museo della Civiltà Romana).

töten. Ein solches Verhalten wurde in keinerlei Hinsicht geduldet, denn der Einzige, der über das Schicksal des Besiegten zu entscheiden hatte, war der *editor*, der meist den Forderungen des Publikums folgte. Der gesamte Kampf fand unter dem Geschrei der Zuschauermenge statt, die im Falle eines Treffers »*habet, hoc habet*« (»Er hat's, er hat's!«) und im Falle eines lustlosen und nachlässigen Gladiators »*verbera, ure*« (»Schlage, verbrenne!«) riefen, so schallten nun Schreie wie »*iugula*« (»Abstechen!«) oder »*missus*« (»entlassen«) durch die Arena, um den Tod oder die Begnadigung des Besiegten zu bestimmen. Im Fall einer Verurteilung musste der Besiegte sich hinknien und seinen Hals dem Schwert des Gegners darbieten *(ferrum recipere)*. In diesem Moment zeigten sich der ganze Mut und die Selbstdisziplin der professionellen Kämpfer, die den Tod als einen normalen Aspekt ihres Berufes akzeptierten. Selbst Cicero bewunderte diese Demonstrationen von Entsagung und Mut (*Tusculanae* 2, 17, 41):

> Bedenke, wie jene, die gut unterrichtet sind, sich lieber den Schlägen aussetzen als sie mit Schande

> zu vermeiden. … Welcher mittelmäßige Gladiator hat jemals gestöhnt oder seine Miene verzogen? Wer hat sich jemals im Stehen oder sogar im Fallen schimpflich gezeigt? Wer hat den Kopf eingezogen, als er gefallen war und den Befehl erhielt, den Hals hinzuhalten?

Unten, Mosaik des 3. Jh. n. Chr. mit der Darstellung eines Gladiatorenkampfes aus einer römischen Villa in Bad Kreuznach.

Statistische Untersuchungen der Grabinschriften von Gladiatoren, die während des 1. Jh. n. Chr. gestorben sind, haben überraschenderweise gezeigt, dass die Gladiatoren nur in 19 von 200 bekannten Fällen gestorben sind. Verallgemeinert man dieses Ergebnis, so ergibt sich für das 1. Jh. n. Chr. eine Chance von 9:1 auf eine Begnadigung. Die *missio* scheint also die Regel gewesen zu sein. Ursache hierfür waren vielleicht ökonomische Faktoren wie die erhöhten Kosten, die der *munerarius* dem *lanista* im Falle des Todes eines Gladiators zahlen musste. Die Zahl der Toten erhöhte sich jedoch vermutlich in den folgenden Jahrhunderten, einerseits, weil es üblich wurde, dem Sieger die Entscheidung über das Schicksal des Besiegten zu überlassen, anderseits, weil es wieder erlaubt war, den Kampf auf Leben und Tod *(sine missione)* zu führen. Den

Rechts, römisches Hochrelief des 1. Jh. v. Chr. mit der Szene eines Gladiatorenkampfes (L'Aquila, Museo d'arte Nazionale d'Abruzzo). Unten, Tonstatuette eines Gladiators aus Pompeji (Neapel, Archäologisches Nationalmuseum). Gegenüberliegende Seite, Fresko mit der Darstellung der Schlägerei zwischen den Zuschauern aus Pompeji und Nocera 59 n. Chr. (Neapel, Archäologisches Nationalmuseum).

statistischen Daten können wir auch entnehmen, dass ein Gladiator in der Regel nicht mehr als drei Kämpfe pro Jahr absolvierte. Dies spricht für eine zunehmende Sättigung des Marktes, der nicht mehr genug Spiele anbot, um die große Zahl der Gladiatoren zu beschäftigen. Je größer die Erfahrungen eines Gladiators waren, umso weniger bestand die Gefahr, dass er im Kampf fallen würde. Ein Spitzenkämpfer, der dem Publikum durch sein Können und seine zahlreichen Siege bekannt war, konnte nicht nur seinen Fähigkeiten im Umgang mit den Waffen vertrauen, sondern zugleich auf eine Gruppe von *amatores* (Anhänger) zählen, die auch im Falle einer Niederlage niemals seinen Tod verlangt hätten. Zudem nahm man bei der *compositio*, der Zusammenstellung der Kämpfer, nicht nur Rücksicht auf die verschiedenen Gladiatorengattungen, sondern auch auf den Erfahrungshorizont der Kämpfenden. In der Regel wurden unerfahrene Kämpfer und

Zu allem bereit

Die Anhänger der Gladiatoren

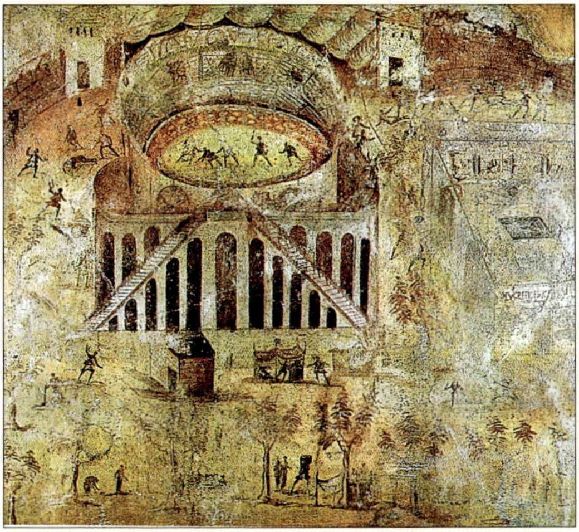

Die besten Gladiatoren wurden regelrecht vergöttert und ihre Namen waren in den entferntesten Teilen des Reiches bekannt. Sie konnten auf Scharen von Anhängern (amatores) *zählen, die bereit waren, alles für ihre Helden und die Fraktion, der sie angehörten, zu tun: den* parmularii *oder den* scutarii. *Dieser Fanatismus führte zu Schlägereien unter dem Publikum, die manchmal in regelrechte Blutbäder ausarteten. Berühmt ist der Zusammenstoß zwischen Zuschauern aus Pompeji und Nocera, der sich 59 n. Chr. im Amphitheater in Pompeji ereignete, der von Tacitus beschrieben und in einem Fresko in Pompeji dargestellt wurde. Der Schlägerei, die mit der Niederlage der Gäste endete, folgte eine staatliche Reaktion: Der Senat in Rom fühlte sich berechtigt einzugreifen und entließ umgehend die höchsten Verwaltungsbeamten Pompejis, die Duumvirn, und ordnete die Schließung des kampanischen Amphitheaters für zehn Jahre an. Ursache für den Hass zwischen den beiden Gruppen war vermutlich – wie es auch heute noch vorkommt – die Rivalität zwischen den beiden Städten im Tal des Sarno. Neuere Untersuchungen weisen auf den schnellen Aufstieg der Stadt Nocera hin, die nur wenige Jahre zuvor, 57 n. Chr., ihr Territorium im Umland auf Kosten Pompejis vergrößert hatte. Das Verbot der Spiele wurde allerdings nicht so lange wie angeordnet eingehalten: Wir wissen, dass schon vor 68 n. Chr. im pompejanischen Amphitheater wieder Gladiatoren kämpften. Vermutlich bewegte das Erdbeben von 62 n. Chr. die Senatoren zu größerer Nachgiebigkeit gegenüber der Stadt, die schon genug unter der Gewalt der Natur gelitten hatte.*

Rechts, Detail mit Darstellung eines Kampfes aus einem Mosaik des 3. Jh. n. Chr. aus dem Oecus *(Speisesaal) einer Peristylvilla in Augst, dem antiken* Augusta Raurica, *in der Schweiz (Augst, Römermuseum). Unten, Beinschienen aus der Gladiatorenschule in Pompeji (Neapel, Archäologisches Nationalmuseum).*

Neulinge gegenübergestellt, allerdings gab es Ausnahmen: Zwei Graffiti in Pompeji (CIL IV, 10236–10238) überliefern z. B. die Taten des Marcus Attilius, der als *murmillo* im ersten Kampf gegen den Profi Hilarius aus der Mannschaft der *iuliani* antrat, der 14 Siege verzeichnen konnte, ihn besiegte und dazu zwang, die Arena als *missus* zu verlassen. Attilius war vermutlich ein Naturtalent, denn ein anderes Graffito berichtet, dass er auch Lucius Raecius Felix bezwang, einen zwölffachen Sieger, der ebenfalls begnadigt wurde.

Wenn der Besiegte keine Gnade erhielt, wurde er vom Sieger getötet und sein Körper auf einer Bahre von der Arena ins *spoliarium* gebracht, die Leichenhalle. Bei dieser Gelegenheit trat laut Tertullian ein Bediensteter auf, der als Charon verkleidet war. Der Sieger des Kampfes hingegen begab sich zum *podium* des *editors* und erhielt einen Ölzweig als Siegeszeichen und, im Falle eines besonders spannenden Kampfes, einen Lorbeerkranz, eine Geldprämie und manchmal einige Kostbarkeiten. In den Grabinschriften der Gladiatoren werden häufig gewonnene Ölzweige und Lorbeerkränze erwähnt. Hier finden sich auch Hinweise auf den unentschiedenen Ausgang eines Kampfes, bei dem beide Gladiatoren vom Publikum begnadigt wurden und das Urteil »*stantes missi*« (»stehend entlassen«) lautete. Nur die größten Meister erreichten Dutzende von Siegen und einige Fälle müssen als absolute Ausnahmen betrachtet werden, wie der Erfolg des Massimo, eines Gladiators der ersten Hälfte des 1. Jh. n. Chr.: Im *ludus* in Capua ausgebildet, verzeichnete er gut 40 Siege, darunter 36 Kränze (CIL VI, 33952). Als höchste Auszeichnung wurde das *rudis* verliehen, ein Holzschwert, das den Gladiator von jeder Pflicht gegenüber dem *lanista* befreite und ihn davon entband, jemals wieder in die der Arena zu kämpfen.

Unten, Grabstele aus dem 1. Jh. n. Chr. mit der Darstellung eines Gladiatorenkampfes aus Amisos (Samsun) in der Türkei (Brüssel, Musée du Cinquanteniare).

Das Liebesleben der Gladiatoren

Soweit aus Quellen und Zeugnissen hervorgeht, waren die meisten Gladiatoren, zumindest in der Kaiserzeit, Profis,

Oben, Apotheose der Faustina, *Detail des Sockels der Colonna Antonina (Rom, Vatikanische Museen). Unten, Mosaik aus dem 3. Jh. n. Chr. mit einer Zirkusszene, gefunden auf der Via Appia in Rom (Madrid, Archäologisches Nationalmuseum).*

die sich der Risiken bewusst waren, die sie eingingen. Die Kämpfe spielten sich unter höchster Einsatzbereitschaft und größtem Respekt für die Regeln ab. Dass Schiedsrichter tatsächlich Ruten oder Peitschen benutzen mussten, um feige oder eigensinnige Gladiatoren anzuspornen, war sehr selten. Ein solches Verhalten könnte man schwerlich von zum Tode Verurteilten oder von der Todesstrafe bedrohten Sklaven verlangen. Umso mehr wurde es von den Männern erwartet, die freiwillig dem makabren Zauber eines gefährlichen, aber lukrativen und Popularität garantierenden Berufs erlegen waren. Die besten Gladiatoren wurden Stars von internationalem Ruhm und die literarischen Quellen überliefern Namen, die zu Synonymen für Mut und Stärke wurden, wie z. B. der *essediario* Porio oder der *murmillo* Colombus, die zur Zeit Neros lebten. Ihre Namen werden nicht nur von Petronius erwähnt, sondern finden sich auch auf Vasen und Gläsern.

Unter den zahllosen Klischees, die schon in der antiken Literatur auftauchten, findet sich jenes am häufigsten, das den unwiderstehlichen Reiz der Athleten auf Frauen betrifft: Juvenal erzählt von Ep-

pia, der Ehefrau eines Senators, die mit einem berühmten Gladiator, bekannt als *Sergiolus* (Sergius) floh, trotz der vielen Narben, die ihn entstellten, des Höckers auf seiner Nase und blau geschlagener Augen (*Saturae* VI, 82–114). »Was die Frauen an den Gladiatoren lieben, ist das Schwert«, sagt Juvenal und fasst damit zusammen, was das Publikum an dieser Art Spiele faszinierte: die kontinuierliche Herausforderung des Schicksals und des Todes. Auch die Gerüchte über die Abstammung des Commodus bezeugen die Anziehungskraft, deren sich die Profis aus der Arena bei den Frauen der hohen römischen Gesellschaft erfreuten. Ein Spitzname wie *suspirium puellarum* (»Qual der jungen Mädchen«), der, wie aus einem pompejanischen Graffiti bekannt, einem *thraex* verliehen wurde, zeigt, dass dieses Klischee keine literarische Erfindung war.

Oben, Relief aus Halikarnassos in Kleinasien mit der Darstellung eines Duells zwischen zwei weiblichen Gladiatoren (London, British Museum).
Unten, Terakottarelief mit Jadszene in einem Zirkus (Rom, Museo della Civiltà Romana).

Auf das Anhimmeln der Gladiatoren beschränkten sich die Frauen aber nicht. Obwohl auf die oberen Plätze verbannt, waren die Frauen unermüdliche Besucher der *munera* und Ovid zählt in seiner

Mitte, Das Martyrium Blandinas in einem Stich aus Triomphe de Martyrs, *1766 (Paris, Bibliothèque Nationale). Unten, Schale aus dem 4. Jh. n. Chr. mit Szene einer* damnatio ad bestias *(Karlsruhe, Badisches Landesmuseum).*

Ars Amatoria (1, 163–176) das Amphitheater wie das Theater zu den Orten, an denen man leicht schöne junge Mädchen trifft. Auch gibt es Beispiele für weibliche Gladiatoren, angefangen bei den Damen aus den höchsten Kreisen, die, wie Tacitus erwähnt (*Annales* 15, 32), unter Nero in die Arena stiegen. Nero veranstaltete einen *munus*,

Der Rückgriff auf die *munera* zur Hinrichtung der ersten Christen

Das Martyrium der Blandina

Die damnatio ad bestias *wurde zum Schicksal vieler Christen, die sich weigerten, den Göttern des Reiches zu opfern, und sich dadurch des schweren Verbrechens des Verrats und der Majestätsbeleidigung schuldig machten. Während die christliche Propaganda der späteren Jahrhunderte übertrieb, was das Ausmaß der Verfolgungen und die Zahl der Martyrien betrifft, gibt es in einigen Fällen zuverlässige zeitgenössische Quellen, die den Ablauf der Ereignisse exakt schildern, so z. B. im Fall des Martyriums einiger Christen in Lyon im Jahre 177 n. Chr. unter der Herrschaft Marc Aurels. Über das Geschehen berichtete ein Brief, der von Lyoner Christen an ihre Glaubensgenossen in Phrygien und Bithynien geschickt wurde und dessen Text erhalten ist, da Eusebius ihn im 4. Jh. n. Chr. in den* Historia Ecclesiastica *(V, 1, 56) wiedergegeben hat. Demnach wurden die Christen von den Anhängern des Kybele-Kultes, die wie die Christen im Kreis der griechischsprachigen Immigranten missionierten, bei den Behörden denunziert. Der Bischof Pothinus, der Diakon Sanctus und andere Mitglieder der Gemeinde, darunter eine junge Frau namens Blandina, wurden daraufhin zum Tod durch Raubtiere verurteilt. Das Urteil sollte bei einem* munus *zu Ehren des Kaisers im großen Amphitheater in Lyon vollstreckt werden. Blandina, die an einen Pfahl gebunden war, wurde jedoch von keinem*

Links, Mosaik, Anfang 4. Jh. n. Chr. mit einer Jagd, aus einer Villa in Torrenova an der Via Casilina (Rom, Galleria Borghese).
Unten, Szene einer venatio auf einem Mosaik aus dem 3.–4. Jh. n. Chr., Villa bei Tusculum (Rom).

der Tiere angerührt, da diese offensichtlich schon satt waren. Zunächst ins Gefängnis zurückgebracht, schickte man sie verschiedene Male in die Arena zurück. Am 3. August 177 n. Chr., dem letzten Tag der munera, wurde Blandina, nachdem sie ausgepeitscht und mit Feuer gequält worden war, in einem Netz der Gewalt eines Stieres überlassen, der ihren Körper mehrmals in die Höhe warf. Die Leiden der Frau und der Mut, mit dem sie diesen begegnete, sollen schließlich selbst die Heiden bewegt haben, die von der übertriebenen Bestrafung der jungen Christin angewidert waren.
Als Hinrichtung, einem Stier vorgeworfen zu werden, ist auf zahlreichen Mosaiken, Reliefs und Terrakotten dokumentiert. Ein Mosaik aus Silin in Tripolitanien, das der editor Filoserapis zu Beginn des 3. Jh. n. Chr. in seinem Haus ausführen ließ, zeigt einen Stier, der drei zum Tode Verurteilte tötet. Zwei von ihnen sind in der Darstellung bereits zu Leichen zerfetzt und zerstückelt.
Ein außergewöhnlich schönes Mosaik vom Anfang des 4. Jh. n. Chr., im vergangenen Jahrhundert in der Umgebung Roms gefunden, zeigt eine andere Variante des grausamen Spiels, bei der die Verurteilten den Stieren ungefesselt begegneten. Den damnati wurde so vermutlich eine schwache und abwegige Hoffnung auf Rettung gelassen, wie die Szene auf dem Mosaik zeigt: Von den sieben Verurteilten liegen sechs bereits tot am Boden, inmitten ihres Blutes. Der siebte versucht noch mit der Kraft der Verzweiflung das Horn des Tieres zu ergreifen, um es zu Boden zu werfen.

Rechts, Relief aus der Zeit zwischen 20–50 n.Chr., gefunden in Pompeji, mit der Darstellung verschiedener Phasen des Spiels: die pompa triumphalis *im oberen, der eigentliche* munus *im mittleren und die* venatio *im unteren Register (Neapel, Archäologisches Nationalmuseum).*
Unten, Bronzehelm aus julisch-claudischer Zeit aus der Gladiatorenschule in Pompeji (Neapel, Archäologisches Nationalmuseum).

an dem nur Äthiopier teilnahmen, darunter auch Frauen und Kinder (*Cassius Dio*, 62, 3, 1), während Domitian einem Kampf zwischen Gladiatorinnen bei Fackelschein beiwohnte (Sueton, *Domitianus* 4, 1). Abbildungen bestätigen dieses Phänomen, wie z.B. ein Relief aus Halikarnassos in Kleinasien, das zwei Frauen mit den sprechenden Namen »Amazone« und »Achillia« darstellt, die in der Rüstung der *hoplomachi* kämpfen. Erst 200 n.Chr. verbot Septimius Severus Frauen, an den Spielen teilzunehmen.

Nicht alle Gladiatoren hatten ein wildes Liebesleben. Im Gegenteil: Die Inschriften sprechen in den meisten Fällen von verheirateten Personen, manchmal mit Kindern, die mit ihren Frauen zusammenlebten, die *ludiae* genannt wurden, weil sie mit ihren Männern das Leben im *ludus*, der Gladiatorenschule, teilten. Es waren diese Frauen, die die Inschriften für die Grabstelen ihrer geliebten Gladiatoren

bestimmten. Unverheirateten Athleten stifteten die Kollegen, *sodales* oder *convictores*, ein Grab und hielten neben dem Namen die erlangten Siege, das Alter und – wie auch bei den Sodaten üblich – die Herkunft des Kämpfers fest.

Unten, Relief Anfang des 1. Jh. n. Chr. mit der Darstellung zweier Gladiatoren beim Kampf; am unteren Rand sind die Beine eines dritten, gestürzten Gladiators zu sehen (Civitavecchia, Archäologisches Nationalmuseum).

Wie Soldaten reisten auch die Gladiatoren von einem Trainingslager zum anderen, von Amphitheater zu Amphitheater, und starben oft weit entfernt von ihrem Geburtsort. Zahllose Inschriften gelten Gladiatoren orientalischer Herkunft, die in den Amphitheatern des Westens starben, und auch den Athleten, die während ihrer Karriere in vielen Städten Italiens und der anliegenden Provinzen kämpften. Die Grabinschrift des *Retiariers retarius* Rapidus (CIL IV, 4299) informiert uns etwa, dass der Verstorbene in Aquileia geboren und im berühmten *ludus* seiner Geburtsstadt ausgebildet wurde und seine Karriere in Amphitheatern der Provinz begann, u.a. in Belluno und Como. Nachdem er einige Erfahrungen gesammelt hatte, ließ er sich in Spalato nieder, wo er jedoch an den Folgen seiner Verletzungen starb (»*in medicina decessit*«).

Das Ende der Gladiatorenkämpfe

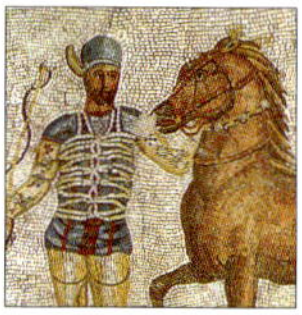

- Der allmähliche Niedergang
- Die letzten *munera*
- Von Jägern zu Akrobaten

Die ersten beiden Jahrhunderte der Kaiserzeit waren zweifellos das goldene Zeitalter der Spiele. Im Laufe des 3. Jh. n. Chr. führten zahlreiche Faktoren zu einer Krise der Spiele, wie sie seit Augusteischer Zeit üblich waren. Das Schwinden privater Sponsoren, militärische Anarchie und eine beispiellose Wirtschaftskrise gehören zu den Hauptgründen für den Niedergang der Gladiatorenspiele als Unterhaltungsindustrie. Auch der Kaiser finanzierte immer seltener Spiele, und wenn dies der Fall war, verlagerte sich das Hauptgewicht immer mehr auf die venationes *und auf die Seiltanz- und Akrobatikvorführungen, die seit Ende des 3. Jh. n. Chr. zu einem wesentlichen Bestandteil der* munera *wurden.*

Der stete Rückgang der *munera* wurde von Septimus Severus für kurze Zeit unterbrochen. Im Rahmen seiner *decennalia* im Jahre 202 n.Chr. überraschte der Kaiser das Publikum damit, dass er im Zentrum der Rennbahn des Circus Maximus eine gewaltige Holzkonstruktion in Form eines Schiffes errichten ließ. Aus dem Schiff kamen für einige Wochen täglich nicht weniger als 100 Raubtiere, die von einer großen Zahl von *venatores* gejagt wurden. Kaiser Gordian I., der 238 n.Chr. nur wenige Monate an der Macht war, kehrte ebenfalls zur alten Tradition zurück. Er ließ ein Kampfspektakel mit mehr als 500 Gladiatorenpaaren veranstalten, an das sich Jagden auf afrikanische Raubkatzen anschlossen sowie Bärenjagden (*Historia Augusta*, Gordian, 3). Auch nicht unerwähnt bleiben darf die *venatio*, die Kaiser Probus (276–282) veranstaltete: Um den

Oben, J.-L. Gérôme, Circus Maximus *(Chicago, The Art Institute of Chicago). Unten, römisches Mosaik aus Vallon (Schweiz) mit der Darstellung eines Stiers, eines der am häufigsten bei den Spielen benutzten Tiere.*

Der Mythos der Gladiatoren

Die Gladiatorenkämpfe haben nicht nur die Antike, sondern auch die Moderne fasziniert. In einigen historischen Romanen aus der zweiten Hälfte des 19. Jh., die im alten Rom spielen, wie z.B. Fabiola *(1854) von Nicholas P. Wiseman (1802–65),* Quo vadis? *(1895) von Henryck Sienkiewicz (1846–1916) oder* Ben Hur *(1880) von Lew Wallace (1827–1905), kommen Spiele im Amphitheater vor. Junge, tugendhafte Christen und bösartige Heiden, wie geschaffen für die unvermeidliche Bekehrung und Erlösung, sind die Protagonisten dieser Geschichten, die oft tragisch mit der* damnatio ad bestias *der Märtyrer enden. Seltener werden die Gladiatorenkämpfe selbst thematisiert. Nur Fürst Ben Hur, Protagonist des gleichnamigen Werkes, konnte sich einer Gladiatorenkarriere rühmen, ein Aspekt, der jedoch bei der Verfilmung von 1926 (von Fred Niblo) wie auch bei der berühmteren von 1959 (von William Wyler) vollkommen ignoriert wurde.*

Der mäßigen Beachtung in der Literatur steht das große Interesse der Malerei und des Films gegenüber. Ein Maler wie Jean-Léon Gérôme (1824–1904), einer der Hauptvertreter der akademischen Malerei des späten 19. Jh., machte die munera *zu einem seiner beliebtesten Themen. Er verband einen gewissenhaften dokumentarischen Stil mit einem Sinn für großartige Bühnendekorationen, wodurch seine Leinwände zu direkten Vorläufern für die Filme wurden. Von großer visueller Wirkung ist beispielsweise* Pollice Verso *(s. S. 89), eines seiner Hauptwerke, in dem es dem Maler gelingt, die bebende, tragische Atmosphäre bei den Gladiatorenspielen einzufangen, die von Titus im Einweihungsjahr des Kolosseums gestiftet wurden. In Gérômes Werk kehrt auch das Motiv der christlichen Martyrien wieder, etwa in Werken wie* Die letzten Gebete der christlichen Märtyrer *oder* Der Einzug der Raubtiere. *Origineller ist das Thema eines Werkes, das ein anderer berühmter Maler des Fin de siècle, Lauwrence Alma-Tadema (1836–1912), schuf: Für sein Gemälde* Caracalla und Geta *ließ er sich durch eine Anekdote aus den* Historia Augusta *inspirieren, nach der der junge Caracalla beim Anblick eines von Bestien zerfleischten Verurteilten*

in Tränen ausgebrochen sein soll.
Das Kino schließlich fand in Geschichten von Gladiatoren und von durch Löwen zum Tode Verurteilten ein fruchtbares Feld für spektakuläre Szenarien. Schon in Quo Vadis *von Enrico Guazzoni (1876–1949) von 1912 finden wir das Thema der Gladiatorenkämpfe wieder, eng angelehnt an die gemalten Vorlagen Gérômes. Spartacus, der rebellische Gladiator, bot reichlich Material für drei Filme, einen italienischen von Riccardo Freda (1909–99) von 1952, einen amerikanischen von Stanley Kubrick aus dem Jahr 1960 und einen sowjetischen von 1975 von Vadim Derbenyov (1934*) und Yuri Grigorovich (1927*). Gladiatoren sind auch in anderen Sandalenfilmen die Hauptfiguren, wie z.B, in* Barrabas *von Alessandro Blasetti (1900–87), entstanden 1952, in* Allein gegen Rom *von Luciano Ricci (bekannt auch als Herbert Wise) von 1962 oder in* Die Gladiatoren *von Delmer Daves (1904–77) von 1954. Nach einigen Jahrzehnten der Stille ist das Gladiatorenthema im Jahre 2000 mit dem Film* Gladiator *von Ridley Scott (1937*), der Spitzeneinnahmen erzielte und fünf Oscars gewann, wieder in Mode gekommen.*
Der Erfolg des Films ist deshalb verdient, weil er erstmalig einen Gladiator ohne jede anachronistische Abscheu gegenüber den Gladiatorenkämpfen zeigt. Decimus Maximus Meridius, Ex-General Mark Aurels und verfolgt von Commodus, ist tatsächlich eine gut ausgedachte Persönlichkeit in einem Film, der intelligenterweise ohne Christen und Märtyrer auskommt. Der Protagonist des Filmes akzeptiert seine Bestimmung mit einer mutigen und zynischen Professionalität, die wohl nicht weit von der der Protagonisten antiker munera *entfernt ist.*

Gegenüberliegende Seite, Sir L. Alma-Tadema, *Caracalla und Geta*, 1907 (Privatsammlung).
Unten, eine Szene aus dem Film *Gladiator* vom englischen Regisseur Ridley Scott.

Rechts, Fragment einer Schranke, die die vomitoria *abtrennte, auf denen meist Reliefszenen mythologischer Art oder Gedenkszenen dargestellt waren (Santa Maria Capua Vetere, Depot des Amphitheaters Capua).*
Auf beiden Seiten unten, Mosaike mit Wagenlenkern der Mannschaften, die in den Wagenrennen gegeneinander antraten (Rom, Museo Nazionale Romano).

Triumph über die Germanen und die Blemmyer zu feiern, ließ er im Jahre 282 n.Chr. die gesamte Rennbahn des Circus Maximus in einen Wald verwandeln, der innerhalb weniger Tage von Soldaten gepflanzt wurde. In diesem wurden 1000 Gemsen, 1000 Hirschkälber und Hunderte anderer Pflanzenfresser freigelassen, und jedem aus dem Publikum stand es frei, sich in der Arena auf die Jagd zu begeben und alles, was ihm beliebte, mitzunehmen (*Historia Augusta*, Probus, 19).

Großen Erfolg hatten die Spiele von Carus (282–283), Carinus (283–285) und Numerianus (283–284), bei denen erstmalig Akrobatik vorgeführt wurde. Die Quellen berichten beispielsweise von einem Akrobaten, der »wie vom Winde getragen« auf dem Seil tanzte, von einem Seiltänzer, genannt *toichobates* (auf Griechisch »der, der an den Wänden läuft«), der sich aus den Klauen eines Bären flüchtete, indem er die Wände hochsprang, und Pantomimen mit dressierten Bären.

Unten, Münze Diokletians (Paris, Nationalbibliothek); der römische Kaiser investierte häufig ungeheure Summen, um dem römischen Volk großartige Spiele zu bieten.

Der allmähliche Niedergang

Während Diokletian (281–303) noch grandiose *munera* nach alter kaiserlicher Tradition veranstaltete, scheinen die Gladiatorenkämpfe nach seiner Herrschaft rapide zurückgegangen zu sein. Hierzu trug sicherlich auch die Entscheidung Konstantins bei, mit dem Edikt von Berytus (Beirut) im

Oben, J.-L. Gérôme, Die letzten Gebete der christlichen Märtyrer *(Baltimore, The Walters Art Gallery). Unten, Kopf der Monumentalstatue Kaiser Konstantins aus dem 4. Jh. n. Chr. (Rom, Kapitolinische Museen).*

Jahre 325 die Verurteilung zum Gladiator abzuschaffen und durch Zwangsarbeit in den Minen zu ersetzen. Damit ging eine wichtige Quelle für den Gladiatorennachwuchs verloren. Mehrere Edikte aus der Mitte des 4. Jh. n. Chr. verboten es dann den Soldaten, ihr Glück bei den *lanisti* zu suchen. Als das Christentum von einer tolerierten Religion zur Staatsreligion wurde, spielte auch die moralische Verurteilung der Gladiatorenspiele durch die Kirchenväter eine Rolle. Schon Tertullian (ca. 150–230) legte dar, dass ein Amphitheater ein *locus religiosus* und die Spiele nichts anderes als getarnte Blutopfer an die Götter seien. Seitdem wurden die Gladiatorenspiele von den Christen einmütig verurteilt. Die *venationes* dagegen wurden weitge-

hend toleriert. Die Angriffe in den Schriften der Kirchenväter richteten sich dennoch nicht nur gegen die Gladiatorenkämpfe. Auch das Theater oder die Zirkusrennen wurden mit dem Kirchenbann belegt. Bereits die *Traditio Apostolica*, die dem Gegenpapst Hippolyt (217–235) zugeschrieben wird, schloss die Gladiatoren und ihre Ausbilder sowie Schauspieler, Mimen und Wagenlenker von der Kommunion aus.

Während für das oströmische Reich ab der Mitte des 4. Jh. n. Chr. keine Gladiatorenspiele mehr überliefert sind,

Oben, pompejanisches Fresko mit einer Jagdszene. Unten, Büste des Kaisers Gallienus aus weißem Marmor, ca. 260 n. Chr. (Rom, Museo Palatino).

Die Witze des Kaisers Gallienus

Humor im Amphitheater

In den Historia Augusta *werden mehrfach Witze und Scherze erwähnt, die Kaiser Gallienus (260–268) während der Spiele machte: Einmal schaffte es ein* venator *auch beim zehnten Versuch nicht, einen Stier zu erlegen. Zum allgemeinen Erstaunen des Publikums entschied Gallienus, den Athleten trotzdem mit einer Siegerkrone zu ehren. Der rumorenden Menge ließ der Kaiser durch einen Herold ausrufen, dass dieser Mann gekrönt werde, da es unmöglich sei, einen Stier mit so vielen Stößen nicht zu töten. Bei anderer Gelegenheit bestand die Frau des Gallienus, Salonina, darauf, dass ein Juwelenhändler, der ihr falsche Juwelen verkaufen wollte, sofort seine gerechte Strafe erhalte. Also beschloss Gallienus, dass der Betrüger den Löwen zum Fraß vorgeworfen werden solle. Aus den Käfigen kamen jedoch keine Raubkatzen, sondern ein Kapaun. Wieder ließ er durch einen Herold erklären, bevor er den Mann gesund und erlöst gehen ließ: »Er wollte betrügen und ist betrogen worden.«*

Rom und das Kolosseum im Würgegriff der Barbaren

Im Laufe des 5. Jh. n. Chr. erlebte Rom verschiedene Erdbeben und drei Belagerungen mit darauffolgenden Plünderungen. Die ersten Eroberer waren die Westgoten Alarichs (410 n. Chr.), anschließend fielen die Vandalen unter Geiserich ein (455). Im Jahr 472 schließlich war es Ricimer, der oberste Heeresgeneral (magister militum), *der Rom in einem Bürgerkrieg erneut einnahm. Vor allem die Belagerung durch Alarich war so traumatisch, dass die Bevölkerung begann, die Stadt zu verlassen. Während Rom Ende des 4. Jh. noch fast eine Million Einwohner zählte, halbierte sich die Zahl nach 410, und Ende des 5. Jh. gab es kaum noch 100 000 Einwohner innerhalb der Aurelianischen Stadtmauern.*

Auch das Kolosseum litt unter dem Verfall der Stadt und wurde über Jahre hin nicht genutzt. Ausgerechnet im Areal um das Amphitheater, am Fuße des Esquilins und im Bereich des ludus Magnus, *entstanden zwei große Friedhofsareale, auf denen die Opfer der Belagerungen begraben wurden. Der griechische Historiker Zosimos (6. Jh. n. Chr.) berichtet in seiner* Historia Nova, *dass die Römer tatsächlich während der schrecklichen Belagerung durch Alarich gezwungen waren, das eiserne Gesetz zu brechen, nach dem es verboten war, die Toten innerhalb der Stadtmauern zu bestatten.*

Das Friedhofsareal um das Kolosseum wurde später durch eine Basaltstraße – eine Pflasterung mit Basaltblöcken von teilweise enormer Größe – erschlossen, die ungefähr zwei Meter über der ursprünglichen Straße lag und damit die Gräber bis zu ihrer Freilegung im Jahre 1895 versiegelte. Das durch die Plünderungen stark beschädigte Amphitheater wurde zwischen 417 und 423 unter der Herrschaft von Honorius und Theodosius II. wiederhergestellt und wiedereröffnet. Für kurze Zeit feierte man die Rückkehr zur Normalität.

Links, das sog. Monogramm Konstantins; es besteht aus den griechischen Buchstaben »chi« (der wie ein X aussieht) und »rho« (wie ein P) aus dem Wort »christos« (Christus). Es handelt sich hier um die Rekonstruktion eines Freskos aus einem frühchristlichen Baptisterium in Kent (4. Jh.).
Unten, Detail aus einem Mosaik mit der Darstellung eines verwundeten Gladiators auf der Flucht (Rom, Galleria Borghese).
Gegenüberliegende Seite, geöffnetes Holzmodell des Kolosseums von Carlo Lucangeli und Paolo Dalbono (Rom, Archiv der Soprintendenza Archeologica di Roma); es handelt sich um das bekannteste Modell des Amphitheaters, mit dessen Rekonstruktion Lucangeli 22 Jahre lang, von 1790 bis 1812, seinem Todesjahr, beschäftigt war. Das Modell wurde 1815 von seinem Schwiegersohn Paolo Dalbono gemeinsam mit weiteren Künstlern vollendet.

hielten sich die *munera* im Westen und in Italien noch länger. Wie weit der Niedergang jedoch vorangeschritten war, zeigt sich daran, dass Gladiatorenspiele Mitte des 4. Jh. pro Jahr per Gesetz auf zehn Tage beschränkt waren. Das Ende der Gladiatorenspiele war unaufhaltbar. Der Zeitpunkt, zu dem es keine Gladiatoren mehr geben sollte, war allerdings noch nicht gekommen. Selbst Papst Damasus warb im Jahre 367, wie in der Oberschicht gebräuchlich, Gladiatoren als Leibwächter an, und noch der hl. Ambrosius bezeugt Ende des 4. Jh. die Existenz von Gladiatorenspielen in Mailand.

Rechts, fünf Säulenstümpfe, von ursprünglich 160, die zur Verankerung der Seile des velarium *im Kolosseum dienten.*
Unten rechts, die Stützkonsolen der Attikabalken.
Unten links, Schnitt durch das Kolosseum, in dem die Funktionalität des velarium *veranschaulicht ist. Die abzudeckende Oberfläche betrug 24 000 m², und Plinius berichtet, dass das zu Anfang benutzte Segeltuchleinengewebe später durch einen leichteren Leinenstoff ersetzt wurde.*

Die letzten *munera*

Aurelius Symmachus (ca. 340–402), ein für seine Reden berühmter heidnischer Aristokrat, der zu friedlicher Toleranz gegenüber den Christen aufrief, berichtet in seinen Briefen von den umfangreichen Vorbereitungen und den ungeheuren Summen, die er für die Feier der Praetur seines Sohnes (401 n.Chr.) ausgab. Der erfahrene *munerarius* scheute keine Kosten und forderte seine Agenten im gesamten Reich auf, alles Notwendige für einen unvergesslichen *munus* zusammenzustellen: Pferde aus Spanien, Krokodile aus Ägypten, Jagdhunde aus Irland, Bären aus Dalmatien. Dank seiner Beziehung zum Hof

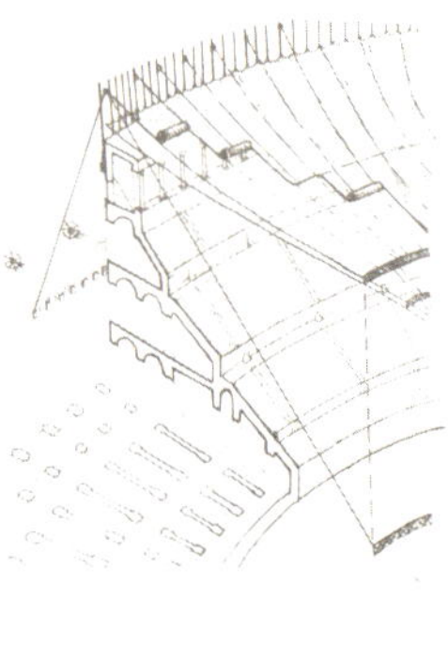

Links, Amphitheater von Saintes (das alte Mediolanum Satonum*) in Frankreich. Unten, Seitenpaneele aus der Basilika des Junius Bassus mit der Darstellung eines Tigers, der einen Stier angreift, 4. Jh. (Rom, Kapitolinische Museen).*

brachte er sogar den Kaiser dazu, ihm 29 für Gladiatorenspiele bestimmte sächsische Kriegsgefangene aus Gallien zur Verfügung zu stellen. Die Gefangenen begingen jedoch gemeinsam Selbstmord, noch bevor sie die Arena betraten. Symmachus war darüber so verärgert, dass er nicht davor zurückschreckte, die Geduld, mit der er diesen Verlust akzeptierte, mit der Geduld zu vergleichen, mit der Sokrates seinen Tod annahm (*Briefe* X, 46). Die Gladiatorenspiele wurden vermutlich nie offiziell abgeschafft. Ihr Ende war vielmehr ein langsamer, aber unaufhaltsamer Prozess. Die Quellen erwähnen jedenfalls für die ersten Jahrzehnte des 5. Jh. nur noch *venationes*,

Rechts, Joseph M. W. Turner (1775–1851), Das Kolosseum in Rom *(London, British Museum).*
Unten, Szenen eines Zirkusrennens, Mosaik aus dem 5.–6. Jh. n. Chr. aus Gafsa in Tunesien (Tunis, Musée du Bard).

die allerdings regelmäßig stattfanden. Gladiatorenspiele scheint es hingegen nicht mehr gegeben zu haben. 523 fand in einem nur noch teilweise nutzbaren, teilweise bereits zerstörten Kolosseum die letzte *venatio* statt, die für Rom bezeugt ist. In Konstantinopel fanden hingegen noch bis ins späte 7. Jh. Jagden statt. Literarische und bildliche Quellen wie Elfenbeindiptychen, die die Kon-

suln anfertigen ließen, um den Beginn ihrer Amtszeit zu feiern, verschaffen uns detaillierte Kenntnisse davon, wie die *venationes* im 5. und 6. Jh. sich von denen der Jahrhunderte zuvor unterschieden.

Von Jägern zu Akrobaten

Akrobatische Einlagen spielten mit der Zeit eine immer wichtigere Rolle und die Spektakel ähnelten bald wohl mehr unseren Zirkusvorführungen als den *venationes* der späten Kaiserzeit mit ihren grausamen Blutbädern. Um die Akrobatik weiter in den Vordergrund zu rücken, wurden neue Spiele wie die *coclea*, der *contomonobolon* und

Unten links, Simulation eines Gladiatorenkampfes von leidenschaftlichen Anhängern der Gladiatorenspiele aus Deutschland. Unten, Legionärsmärsche während einer historischen Aufführung in Albano Laziale in der römischen Provinz.

Die zeitgenössischen Rekonstruktionen

Gladiatoren heute

Die Faszination für die Welt der Gladiatoren lebt nicht nur in Romanen und Filmen weiter, sondern auch in originalgetreuen – natürlich unblutigen – Vorführungen, die großen Beifall finden bei denen, die die Emotionen eines retiarius *oder eines* murmillo *auch im dritten Jahrtausend nacherleben möchten. Diverse Vereinigungen in Italien und anderen Ländern lassen jedes Jahr die Gladiatorenkämpfe mit Rekonstruktionen wieder aufleben, die auch aus wissenschaftlicher Sicht äußerst präzise sind. Die meist auf europäischer Ebene organisierten Zusammenkünfte finden normalerweise einmal im Jahr in der Frühlings- bzw. Sommerperiode statt. Sie bieten Gelegenheit, die Sitten und Bräuche der Römer auch über die* munera *hinaus kennenzulernen, etwa bei Wagenrennen, bei der Verköstigung römischer Speisen, bei Legionärsmärschen oder gar bei der Rekonstruktion eines Sklavenmarktes.*

Rechts, Mosaik, sog. Kleine Jagd, aus dem 4. Jh. n. Chr. aus der Villa del Casale in Piazza Armerina in Sizilien. Unten, Quadrigarennen im Zirkus, auf der Klappe des Diptychons von Lampadi (Brescia, Civici Musei d'Arte e Storia).
Gegenüberliegende Seite oben, eine Persönlichkeit auf der coclea *bei dem Versuch, sich einen Bären vom Leibe zu halten, dargestellt auf einem Elfenbein-Diptychon des Areobindus von ca. 509 n. Chr.; in der Mitte rechts, der* contomonobolon, *im Hintergrund der Pfahl mit den Körben; unten, wahrscheinlich ein* ericius *auf einem Diptychon des Areobindus.*

der *ericius* eingeführt. Die *coclea* (dt. Schneckenhaus) war nichts anderes als ein Gehäuse mit einer drei- oder vierflügeligen Drehtür, hinter der sich die Jäger versteckten, um den Angriffen der Bestien zu entkommen. Die Tiere strichen um das Gerät herum, das einigen Darstellungen zufolge auch mit den Füßen – ähnlich beim Skateboard – vorwärts gestoßen werden konnte. Der *contomonobolon* hingegen war eine Aufführung von Akrobaten, die in einer Serie von Saltos (lat. *monobolon*) mithilfe eines Stabs (lat. *contus*) ein mit wilden Bestien bevölkertes Gebiet überqueren mussten. In den *ericius* (dt. Igel) flüchtete sich der Akrobat, nachdem er eine Bestie provoziert hatte. Der ovale Käfig aus Weidengerten, der *ericius*, wurde von der wild gewordenen Bestie durch die gesamte Arena geschleudert. Die Diptychen zeigen ein weiteres Spiel, dessen Name nicht überliefert ist: Auf die Spitze eines aufgestellten Pfahls wurde eine Rolle mit einem Seil angebracht, an dessen Enden jeweils ein Korb hing. In jedem Korb nahm ein Akrobat Platz. Durch Ziehen am Seil konnten die Akrobaten den eigenen Korb herablassen und den anderen hinaufziehen. So wurde die verwirrte Bestie genarrt, die es nicht schaffte, die Beute zu ergreifen.

Die neuen Spiele des 6. Jh. n. Chr.

Akrobatische Vorführungen in der Arena

Der Ostgotenkönig Theoderich, der Italien von 493–526 n. Chr. regierte, schreibt in einem Brief an Anicius Maximus, praefectus urbis, *aus dem Jahre 523 n. Chr. über die Spiele und akrobatischen Vorführungen, die im 6. Jh. n. Chr. in der Arena am beliebtesten waren: »Ein anderer Mann, der sich [bei der* coclea*] in den Verstecken innerhalb des vierflügeligen Gerätes befindet und annimmt, dass es mit Leichtigkeit rollt, flüchtet und entfernt sich nicht, sondern verfolgt den Verfolger und nimmt seine kniende Stellung nur dann wieder ein, wenn er die*

Glieder der Bären sieht.« Der ericius *hingegen wird folgendermaßen beschrieben: »Ein anderer schließt sich eilends vor dem wilden Tier in einer tragbaren Mauer aus Rohr ein, wie ein Igel, der sich durch plötzliches Einschließen in sich selbst verbirgt […]. Tatsächlich ist er auf diese Weise wie der umgekehrt eingerollte Igel, der durch natürliche Stacheln geschützt wird, von einem Geflecht aus fragilen Rohren geschützt.« Den* contomonobolon *beschreibt Theoderich hingegen so: »Der erste [Athlet] wirft sich im Vertrauen auf seinen zerbrechlichen Stab gegen die Mäuler der Bestien. Das, was er gerade vermeiden möchte, scheint er mit größter Begeisterung zu wollen. Räuber und Beute erschrecken sich gleichermaßen […]. Dann, den Körper mit einem Salto in die Luft gehoben, strecken sich die auf den Rücken gekehrten Glieder*

wie leichteste Kleider, und der Akrobat schwebt mit dem Körper in einem Bogen solange auf die Bestie zu, bis die Schnelligkeit des Tieres unter ihm nachlässt […]. So kommt es, dass dieses Verhalten mehr überrascht als jenes der Bestie, die auf den Arm genommen wird.«

Unten, L. Wallace, Autor des historischen Romans Ben Hur.
Unten, Piero della Francesca (1422–92), Der hl. Augustin *(Lissabon, Museu nacional de Arte Antiga).*

Mit dieser Art von Spielen kann man die Geschichte des *munus* für definitiv beendet erklären. Nur wenig blieb in ihnen von der »unmenschlichen Lust«, die die Zuschauer dazu brachte, den Gladiatorenkämpfen mit Leidenschaft zu folgen, die der hl. Augustinus auf so treffende Weise in seinen *Confessiones* beschreibt. In den sieben Jahrhunderten ihrer Geschichte hat sich die römische Welt in Gesellschaft, Kultur und Wirtschaft entscheidend verändert. Die Spiele, die in einer von politischem Wettkampf geprägten städtischen Kultur entstanden und

Die *Bekenntnisse* des hl. Augustinus (354–430 n.Chr.)

Der unwiderstehliche Reiz der Spiele

Die vom hl. Augustinus im achten Kapitel des VI. Buches seiner Confessiones (Bekenntnisse) *gebrauchten Worte gehören zu den beunruhigendsten Beschreibungen der moralischen Verrohung, der ein Mensch während der Gladiatorenspiele unterlag, auch wenn er so gebildet war wie Alypius, das* alter ego *Augustinus'. »[Alypius] war mir nach Rom vorausgegangen, um Rechtswissenschaft zu studieren; hier war es der Gladiatorenkampf, von dem er in heftiger Gier und auf unglaubliche Weise hingerissen war. Denn obwohl er dergleichen durch und durch verabscheute, ließ er sich von einigen seiner Mitschüler, denen er zufällig über den Weg lief, trotz lauten Protestes und heftiger Gegenwehr mit Gewalt, wie sie freilich Freunde anwenden, ins Amphitheater schleppen; es waren nämlich gerade die Tage gekommen, an denen diese grausamen und mörderischen Spiele stattfanden. Er sagte nun zu ihnen: ›Wenn ihr meinen Körper dorthin schleppt und ihn dort postiert, glaubt ihr etwa, dadurch auch in der Lage zu sein, meinen Geist und meine Augen zu zwingen, an dem Geschehen teilzunehmen? Ich werde anwesend und zugleich abwesend sein und auf diese Weise über euch sowie über das Geschehen triumphieren.‹ Trotzdem führten sie ihn mit sich fort, begierig*

den Kaisern dazu dienten, sich der Unterstützung und des Rückhaltes des Volkes zu vergewissern, verloren ihren Sinn in einer Welt, in der es weder eine städtische *plebs* noch Mächtige gab, die die Spiele als politische Kontrollinstrumente nutzen wollten. Hinzu kam der Druck, der von der moralischen Verurteilung seitens der Kirche ausging, die als Opfer der Grausamkeiten der *munera* nun über diese triumphierte und ihr Ende vorantrieb.

Links, Y. Grigorovich, Regisseur des sowjetischen Films Spartakus *über die Gladiatoren; rechts, H. Sienkiewicz, Autor des Romans* Quo Vadis? *Unten, Piero della Francesca,* Hl. Augustin, *Detail (Arezzo, S. Francesco).*

zu erfahren, ob er das wohl durchhalten könne. Als sie angekommen waren und sich gesetzt hatten, tobte bereits alles vor wildester Lust. Er aber schloss die Augenlider und untersagte seinem Geist, sich an dem üblen Treiben zu beteiligen. Hätte er sich doch auch die Ohren zugestopft! Was war geschehen? Ein Zwischenfall beim Kampf hatte im Volk gewaltiges Geschrei ausgelöst, das ihn heftig durchfuhr; die Neugier überwältigte ihn, und er glaubte, in der Lage zu sein, allem, was immer er auch zu Gesicht bekommen sollte, mit Verachtung und Überwindung zu begegnen; er öffnete die Augen; das hatte zur Folge, dass sein doch eher verwegener als tapferer Geist getroffen in die Tiefe stürzte, sein Geist, der um so kraftloser war, je mehr er von sich erwartet hatte, was er von dir hätte erwarten sollen. Sobald er nämlich das Blut gesehen hatte, überkam ihn auch schon die Sucht nach der wilden Lust; er wandte sich nicht etwa ab, sondern richtete gebannt seinen Blick auf das rasende Geschehen, genoss es in vollen Zügen, ohne es zu merken, ergötzte sich an dem verbrecherischen Wettstreit und berauschte sich an dem blutrünstigen Schauspiel. Er war nun nicht mehr der, als der er gekommen war, sondern einer aus der Menge, zu der er gestoßen war, und ein echter Gesinnungsgenosse derer, von denen er hierhergeschleppt worden war. Was weiter? Er schaute, schrie, war leidenschaftlich ergriffen und nahm die Tollheit mit nach Hause, die ihn anstachelte wiederzukommen.«

Spiele im Kaiserreich

Luna
Lucca
Florentia
Ariminum
Ancona
Volterrae
Arretium
Ricina
MARE
ADRIATICUM
Urbs Salvia
Firmum
Asisium
Hispellum
Falerio
Mevania
Asculum
Volsinii
Spoletium
Interamnia
Carsulae
Interamna Nahars
Ocriculum
Reate
Amiternum
Falerii
Trebula Mutuesca
Sutrium
Alba Fucens
ROMA
Tibur
Marruvium
Tusculum
Bovillae
Albanum
Setia
Aquinum
Casinum
Brigetio
Tarracina
Minturnae
Suessa
Cales
Telesia
Canusium
Porolissum
Capua
Aeclanum
Aquincum
Abella
Nola
Venusia
Cumae
Puteoli
Pompeii
Sarmizegetusa
PONTUS
EUXINUS
Epidaurus
Philippopolis
Constantinopolis
Cyzicus
Pessinus
Aezani
Comana
Pergamum
Aegae
Sardes
Olympia
Delphi
Ephesus
Anazarbus
Sicyon
Athenae
Magnesia
Laodicea
Selge
Priene
Heraclea
Antiochia
Miletus
Aspendus
Lycaea
Epidaurus
Iasus
Nemea
Delos
Perge
Cibyra
Dura-Europos
Corinthus
Termessus
Aphrodisias
Messene
Hierapytna
Gortyna
INTERNUM
Caesarea
Bostra
Gerasa
Ptolemais
Cyrene
ARABIA
DESERTA
LIBYA

Literaturempfehlungen

Anderson, Kevin J., *Hunting in the Ancient World*, London, 1985.

Augenti, Domenico, *Spettacoli del Colosseo nelle cronache degli antichi*, Rom, 2001.

Baker, Alan, *Gladiatoren: Kampfspiele auf Leben und Tod*, München, 2002.

Bomgardner, David Lee, *The story of the Roman amphitheatre*, London, 2000.

Carcopino, Jérôme, *Rom: Leben und Kultur in der Kaiserzeit*, Stuttgart, 1986.

CIL = *Corpus Inscriptorum Latinorum*, Berlin, 1863ff.

Connolly, Peter, *Colosseum: Arena der Gladiatoren*, Stuttgart, 2005.

Cozzo, Giuseppe, *The Colosseum: The Flavian Amphitheatre*, Rom, 1971.

Friedländer, Ludwig, *Darstellungen aus der Sittengeschichte Roms in der Zeit von August bis zum Ausgang der Antonine*, erstmals Leipzig, 1862–71.

Golvin, Jean-Claude/Landes, Christian, *Amphithéâters et gladiateurs*, Rom, 1990.

Köhne, Eckart (Hrsg.), *Gladiatoren und Caesaren: Die Macht der Unterhaltung im antiken Rom*, Mainz, 2000.

Junkelmann, Marcus, *Das Spiel mit dem Tod: So kämpften Roms Gladiatoren*, Mainz, 2000.

Junkelmann, Marcus, *Hollywoods Traum von Rom: »Gladiator« und die Tradition des Monumentalfilms*, Mainz 2004.

Meijer, Fik, *Gladiatoren: Das Spiel um Leben und Tod*, Düsseldorf, 2004.

Ville, Georges, *La gladiature en Occident des origines à la mort de Domitien*, Rom, 1990.

Wiedemann, Thomas, *Kaiser und Gladiatoren: Die Macht der Spiele im antiken Rom, Darmstadt*, 2001.

Bei Parthas in dieser Reihe bereits erschienen:

Umfang je 124 Seiten,
durchgängig vierfarbig bebildert,
Fadenheftung, Paperback, 13 x 19 cm
€ 9,80

Alltagsleben in Pompeji
ISBN 978-3-86601-875-4

Die sieben Weltwunder der Antike
ISBN 978-3-86601-050-5

Bei Parthas in der Reihe *Bildlexikon der Kunst* bereits erschienen:

Umfang 384 Seiten,
durchgängig vierfarbig bebildert,
Fadenheftung, Paperback, 13,5 x 20 cm
€ 24,80

Band 1
Götter und Helden der Antike
ISBN 978-3-932529-56-6

Band 2
Die Heiligen.
Geschichte und Legende
ISBN 978-3-932529-57-3

Band 3
Symbole und Allegorien
ISBN 978-3-936324-00-6

Band 4
Erzählungen und Personen des Alten Testaments
ISBN 978-3-936324-01-3

Band 5
Erzählungen und Personen des Neuen Testaments
ISBN 978-3-936324-02-0

Band 6
Engel, Dämonen und phantastische Wesen
ISBN 978-3-936324-04-4

Band 7
Die Natur und ihre Symbole
ISBN 978-3-936324-03-7

Band 8
Astrologie, Magie und Alchemie
ISBN 978-3-936324-14-3

Band 9
Ikonen.
Meisterwerke der Ostkirche
ISBN 978-3-936324-05-1

Band 10
Techniken und Materialien der Kunst
ISBN 978-3-936324-30-3

Band 11
Gärten, Parks und Labyrinthe
ISBN 978-3-936324-90-7

Band 12
Der menschliche Körper.
Anatomie und symbolische Bedeutung
ISBN 978-3-936324-91-4

Band 13
Die Musik.
Symbolik und Allegorien
ISBN 978-3-936324-86-0

Band 14
Themen und Personen der Literatur
ISBN 978-3-936324-87-7

Band 15
Körpersprache.
Gestik, Mimik, Ausdruck
ISBN 978-3-936324-88-4

Band 16
Der gedeckte Tisch.
Esskultur in der Kunst
ISBN 978-3-936324-89-1